法學啟蒙叢書

民法系列——

占　有

■ 劉昭辰　著

Possession

Civil Law

三民書局

國家圖書館出版品預行編目資料

占有 / 劉昭辰著.－－初版一刷.－－臺北市：三民，
2008
面； 公分.－－(法學啟蒙叢書)
參考書目：面
ISBN 978-957-14-4597-7 （平裝）

1. 占有

584.29   97011243

© 占　　有

著 作 人	劉昭辰
責任編輯	林淑鈴
美術設計	陳健茹
發 行 人	劉振強
著作財產權人	三民書局股份有限公司
發 行 所	三民書局股份有限公司
	地址　臺北市復興北路386號
	電話　(02)25006600
	郵撥帳號　0009998-5
門 市 部	(復北店) 臺北市復興北路386號
	(重南店) 臺北市重慶南路一段61號
出版日期	初版一刷　2008年8月
編　　號	S 585760

行政院新聞局登記證局版臺業字第○二○○號

有著作權·不准侵害

ISBN　978-957-14-4597-7　（平裝）

林　序

　　法律賦予物之所有權人占有、管理、使用、收益所有物之支配權，消極方面在於財產權之保護，維持社會秩序；積極方面則在促使所有權人善盡利用所有物，增進公共利益。物盡其用之社會理念，於十九世紀個人主義思想衰退後，所有權絕對即朝向相對化進行修正，而所謂所有權相對化，即著眼於所有物之管理使用、收益應兼顧社會利益。法儒 Rudolf von Jhering（一八一八～一八九二）於一八九一年即指出：「昔日側重財產價值，忽視人為價值；今則貶抑財產價值，提昇人為價值」(Formerly high valuing of property, lower valuing of the person; Now lower valuing of property, higher valuing of the person)，二十世紀美國法學家 Roscoe Pound（一八七○～一九六四）即以社會利益優於個人利益的保護列為法律社會化 (socialization of law) 之基本內涵之一。

　　法制方面，一九一九年德國威瑪憲法第一五三條第三項明定權利之行使應附帶有社會義務，我國現行民法第一四八條第一項明定權利之行使不得違反公共利益，已揭櫫權利社會化之重要法律理念。此再鑑之我國現行民法第七六五條所有權行使之限制，第七六八條至第七二二條關於取得時效之規定，以及第九四三條、第九四四條占有權利及占有態樣之推定，物盡其用，所有權相對化之理念，已納入我國私法體系，而為我國私法體系中之重要法律原則，已無疑義。可見，法律賦予物之所有權人之權利，已非重在靜態的私權保護，而重在對所有權之正當行使，動態的實現物盡其用之社會公益。然而，何能動態的實現物盡其用，無他，乃物之占有也。占有一語，我民法指事實上之管領力，亦即英美法所稱

domain and control over 之 possession 也。

　　今欣聞最愛教學工作的劉昭辰教授，受三民書局之邀，完成《占有》一書，倍感年輕學子努力專精研究有成，乃樂之為其添序。劉教授因在東吳大學受過英美法訓練，其後又在德國漢堡大學取得法學博士學位，回國曾任教於世新大學法學院，現專任於其母校東吳大學法學院，可說學養深厚又有教學經驗，且勤於發表文章。據說其問答式雙向交流的教學，激發學生一片的讚賞聲，真是難能可貴。

　　拜讀我國民法泰斗王澤鑑博士著《民法物權(二)用益物權‧占有》乙書，深覺要精研民法上占有的法律概念及其法律關係，誠非易事。今劉教授能師承王博士之後，就其留德所得民法學新思維，融合大陸法系、英美法系並我國法制，從占有之基本觀念、功能、類型、取得、喪失、保護，一面就實體，另面就訴訟，徵引立法例、學說、判決例，窮盡法理論證，見解客觀實際，不但給人清新概念，而且頗多疑義釋明及問題解決，諸如占有被侵害時，在侵權行為法及不當得利法上如何正確適用，並占有於買賣不破租賃法則上之限縮適用，再如智障之家及遮蔽日光照射等案例之分析，更發人深省占有之社會化保護理念的重要性。此外，本書的另一特點，即全書組織結構有層次，參考文獻充分可靠，用語精準，淺顯易懂，理論實務兼融，可讀性及參考性甚高，相信閱讀本書後，吾人對民法上之所有、占有、交付、移轉等基本觀念會有更清楚的認識與了解，誠盼劉教授再接再厲一本專精法學，貢獻學術，則臺灣民法學之幸矣！

林誠二　謹序

二〇〇八年七月一日

自　序

　　本書之完成，完全是一個非常偶然的機會。一年多前，三民書局以能否撰寫一本有關「占有」之教科書相詢，惟以「占有」為題之教科書，係相對冷門之題材，自忖會有相當之自我挑戰性，加以當時妻子玟杏臨盆在即，三民書局邀稿的經濟上挹注，實可以提供她更好的生產環境，遂應允本書之撰寫。坦言之，本書之寫作同時滿足學術性研究及經濟上之助益，對一個歸國未久之學人，係極大之幫助，特此感謝三民書局提供此一機會。

　　經過一年半的寫寫停停，在完成本書之際，兒子如意也已長成一歲半的小可愛。本書的完成，感謝東吳大學研究生廖榮寬及王凱玲所提供之學術性對話及協助校稿，同時感謝文化大學研究生盧俊宇及世新大學研究生徐昇揚校稿及書後實例題之提供。他們對本書之催生，實有相當貢獻，本人確信，他們終將在法界綻放閃耀光芒。

　　本書係在有限的時間下完成，其實還可以更好。最後，謹以本書祝福所有學術界的學者，繼續堅持理想，邁向學術殿堂，永不停止。

劉昭辰　二〇〇八年七月　於如意書坊

占有

CONTENTS

參考書目

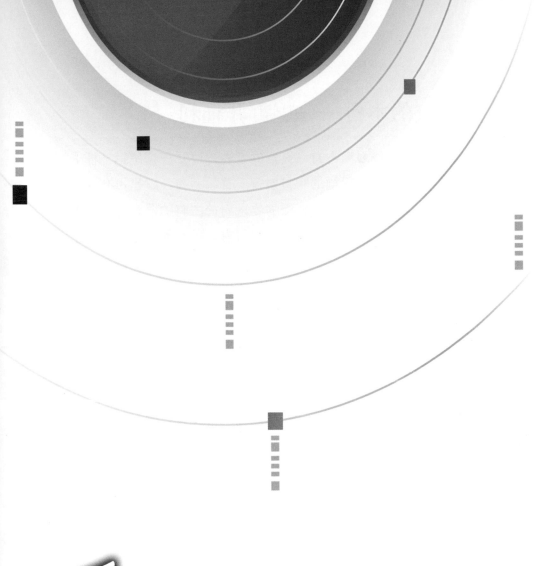

1 ｜占有的概念

占有的本質——事實非權利

依據民法第九四〇條❶對占有（人）的定義，可知**占有是指一種「對物的事實管領力」**現象，誰對標的物有事實上管領力者，就是占有人，至於是否占有人有法律上的權利而占有標的物，對於占有的概念並無影響，例如即使小偷對盜贓物並無享有任何的權利可言，既不能自由處分，也不能使用、收益，但是小偷擁有對盜贓物的事實上管領力，仍是占有人。依此，一般學說❷遂認為，占有的本質是一種「事實」，而非權利。

占有僅是一種事實現象，而非權利，雖然為今日大多學說所承認，但是並非絕無疑問。早在一八〇三年，德國法學家薩維尼❸(Savigny) 即認為占有既是一種事實，也是一種權利。依薩維尼的看法，占有原本是一種事實，但是當占有人因占有而得享有某種權利，且該權利在即使失去占有仍可主張時，則明顯的占有此時同時也是一種權利。薩維尼舉占有受侵奪為例，占有人可以向侵奪人主張返還占有（參閱民法第九六二條），則此時占有就是一種權利。薩維尼認為，侵奪人侵奪占有，該侵奪行為本身是一種「對人」（不是對物！）的不法行為，基於該對人的侵害行為，因此發生占有人的返還請求權。須注意的是，此種對人的侵奪，不是指對人格權的侵權行為（想像小偷所享有的占有返還請求權！），而是因為人對物的緊密支配力關係所產生，換言之，因為占有是一種人對物的緊密支配關係，所以侵奪物的占有時，同時也構成對人主觀支配意志的傷害。

上述薩維尼對占有的看法，仍是基於占有是一種事實，只是薩維尼認

❶ 民法第 940 條立法理由書謂：「查民律草案第一千二百六十一條理由謂占有之意義，古今學說暨立法例均不一致。本法以事實上管領物之人為占有人，不問其為自己，抑為他人，均保護之，所以重公益也。但占有輔助人，例如僱工承僱主之命管領其物，則不得為占有人。故設本條以明示其旨」。

❷ 參閱謝在全，《民法物權論（下冊）》，第 509 頁；王澤鑑，《民法物權㈡》，第 168 頁；鄭玉波著／黃宗樂修訂，《民法物權》，第 401 頁。

❸ 參閱 Savigny, Das Recht des Besitzes (7. Aufl., 1967).

為，占有也時有發生權利（請求權）效力現象。雖然該見解並不是直接將占有當成是一種權利，而只是鑑於占有所展現出來的權利效力，也算是已經非常保守的將「占有」當成是一種權利看待。雖然如此，仍然引起相當的反對意見，其中最力主者即推法學家溫德賽❹(Windscheid)。依溫德賽見解，占有只是一種事實，或許因為占有會產生某種權利效果，但這是因為承認占有是一種事實，而占有人基於占有意志占有標的物，占有事實的被侵奪，同時構成占有意志的侵奪。整體而言，占有的保護仍是對占有事實的保護，雖也連帶發生保護占有人占有意志的效果，但仍不妨礙占有本質上只是一種事實，而非權利。

依我國民法第九四○條規定觀之，立法者應是將占有本質定位於一種事實，而非權利。但問題是小偷占有若遭侵奪，則民法第九六二條並不排除小偷也有物上請求權，是否即可如薩維尼所言，至少應該承認占有也應具備權利性質？薩維尼的占有人「意志保護說」，觀諸哲學理論，例如康德哲學，特別是黑格爾的「權利的自由意志」，自有其立論根據，而為今日許多物權法學者❺所採用。只是民法第九六二條所保護者，真是如同薩維尼所言，在於保護占有人的占有意志？因為如果是要保護小偷的占有意志，何以國家公權力可以違反小偷占有意志而強制執行返還占有物？何以所有權人不得以自力救濟方式，私自對小偷強制返還占有物？因此，**本書對於占有保護理論，不採自由意志理論，而採法秩序安定性保護理論**：即民法第九六二條所要保護者不是個別占有人的占有意志，而是社會秩序安定性法益❻，即占有的事實狀態，不論是有權占有或是無權占有，都應受到保護，而不容許他人加以破壞，以避免社會進入紛擾狀態。而國家以公權力強制執行占有返還，在符合法治國的前提要求下，自有一定嚴格程序及公信力，當無違反社會秩序安定性的占有保護目的。

---

❹　參閱 Windscheid, Lehrbuch des PandR, 8. Aufl., 1990, Bd. 1, §1504.

❺　參閱 Wilhelm, Sachenrecht, Rnd. 312 以下。

❻　參閱謝在全，《民法物權論（下冊）》，第 57 頁；王澤鑑，《民法物權㈡》，第 172 頁；史尚寬，《民法物權》，第 478 頁。

總結而論，占有是一種事實，即使無權占有人的占有受侵奪，無權占有人也可以主張民法第九六二條物上請求權，但是該占有保護並非是對占有人個人占有意志的保護，因此當然也無從推論得出占有同時也有權利效力。占有人可以根據民法第九六二條，排除他人的占有侵奪，是一種對整體社會秩序安定性的保護，並不能率而論定，占有也是一種個人權利現象。

 占有和所有權

民法對所有權並未下有定義，而僅在民法第七六五條明示所有權的權能內涵：「所有人，於法令限制之範圍內，得自由使用、收益、處分其所有物，並排除他人之干涉。」由該所有權內涵可知，所有權是人對物的一種自由支配力，而和占有也是對物的支配力不同的是，**占有是對物的事實支配力（參照民法第九四〇條），而所有權則是對物的法律上承認並賦予的支配力**。因此，占有和所有權必須被清楚區分，擁有對物的事實管領力者，不論該占有人是有權占有的所有權人，或是無權占有的小偷，都是占有人。

占有只是一種人對物的事實上管領力，雖然經由事實上的支配力，占有人也享有對物的使用利益，但終究該利益僅是一種事實上的使用結果，占有並無如所有權般的有法律上所承認並賦予可享有的實質內容在內，換言之，占有人的占有本身並無法帶給占有人任何法律上的利益，無權占有人終究必須返還占有物（民法第七六七、九六二條），及所收取的孳息及使用利益（民法第九五八條）。

正是因為占有不是權利，法律並未賦予占有本身有任何的利益內涵，因此如占有被第三人侵奪，自然也不享有民法第一八四條第一項前段的「權利」保護。

也因為法律並未賦予占有本身任何的利益內涵，因此單純的占有也不能構成侵害型不當得利的侵害客體，例如 A 偷他人之物，B 由 A 處又偷取之，則 A 無從對 B 主張侵害占有的不當得利返還。但如果占有是經由給付行為而取得，則基於占有本身所可能帶來的利益（例如善意取得的可能性），

即使占有只是事實現象，依今日無爭議見解❼，在給付型不當得利的請求中，應擴大解釋民法第一七九條的「利益」取得，而將單純的占有列入不當得利利益取得對象，使無法律上原因取得占有者，須負返還該占有之責任，例如無行為能力人 A 將其物出售並讓與 B，則 A 可以根據給付型不當得利，向 B 請求返還該物的占有❽。

例題演練

例 題 1

　　A 所養之小狗走失，路人 B 見其可愛遂帶回家中飼養，嗣後 A 發現時遂將小狗帶回，B 可否向 A 主張占有受到侵害，並請求因為小狗被帶走，而受到的內心上痛楚（民法第一八四條），且請求返還其占有（民法第九六二條）？

提 示

　　占有之本質上並非屬權利而僅屬一種事實，因此無從單獨成為受侵權行為保護之標的（需為有權占有或受法律保護之占有始可作為保護之標的，詳後述），又占有之侵奪雖然可能同時構成占有意志的侵害，但不能謂其屬占有的侵害，而係另屬人格權的範疇，且非財產上之損害賠償亦以法律有明文規定者為限（民法第十八條第二項），因此無從以占有被侵害而請求非財產上之損害賠償。另外占有之保護目的應在於法秩序安定性之保護，而非僅著重於個人意志之保護，因此 B 破壞系爭占有秩序在先，自不得再行請求返還。

---

❼　參閱謝在全，《民法物權論（下冊）》，第 604 頁；王澤鑑，《民法物權㈡》，第 379 頁。

❽　同樣雖然登記名義本身只是一種事實現象，而無利益內涵在內，但是也可以構成不當得利的利益取得對象。

例 題2 ▼

　　A 將其所有之房屋重複出賣予 BC 二人，嗣後 A 交付與 B，另移轉登記與 C，今房屋所屬的車位被 D 停放車子時，BC 各得主張何權利？

提 示

　　占有與所有權之區別：

　　此時應視 AB 對於該車位所具有的法律上地位予以判斷，AB 間雖存有買賣契約，但不動產所有權之取得係以讓與合意及登記作為其要件，因此 B 雖占有系爭房屋，仍無法取得該屋之所有權，僅屬該屋之占有人；反之，C 雖未占有系爭房屋，但既已為物權之登記，自屬該屋之所有權人。

　　因此 BC 對 D 所得主張之權利如下：

　　㈠就物之返還請求權而言：B 得按民法第九六二條請求返還，C 得按民法第七六七條請求返還。

　　㈡就不當得利而言：B 不得主張占有利益之返還（單純的占有也不能構成侵害型不當得利的侵害客體。但如果占有是經由給付行為而取得，在給付型不當得利的請求中，應擴大解釋民法第一七九條的「利益」取得，而將單純的占有列入不當得利利益取得對象），C 仍為所有權人，所有權未受侵害，因此僅得主張主占有之返還。

　　㈢就侵權行為而言：B 不得主張第一八四條第一項前段之權利救濟（蓋因其債之相對性，AB 間之買賣契約僅得於其間主張，無從對 C 或 D 該等第三人主張，其占有本質上仍屬無權占有），C 則得據此請求。

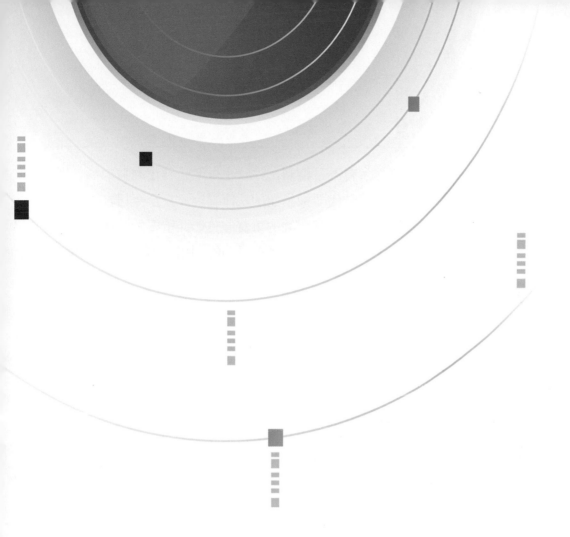

2 ｜占有的功能及類型

概　說

占有只是一種事實，占有不是權利，法律也未賦予特定利益內涵，但是占有卻是一種早在羅馬法時代即被承認的法律制度。直至今日，占有仍是各國民法的重要章節。何以一個單純的事實確有如此重要的法律地位？該問題必須就占有在法律上所能提供的意義及功能，加以討論，始能理解。

 占有的功能

一、占有保護

1. 事實的占有保護 (Possessorischer Besitzschutz)

占有制度所以會被法律所重視，乃源自於社會對於占有事實保障的需求。民法第九六二條規定：「占有人，其占有被侵奪者，得請求返還其占有物；占有被妨害者，得請求除去其妨害；占有有被妨害之虞者，得請求防止其妨害。」依該條文，即使是小偷的占有，如受侵奪時亦受保護。而該占有事實保護目的，依上章所述，一說認為是在保護個人的人格，另一說則認為是在維持社會秩序的安定。

不同於民法第七六七條是對所有權的保護，民法第九六二條則是一種純粹對於占有事實狀態的保護，**至於占有人是否是有權占有或是無權占有，就民法第九六二條的構成要件而言，在所不問。**相對於民法第九六二條是對占有事實保護，民法第七六七條的物上請求權，則是對於所有權的保護，請求權人必須是所有權人，因此如有第三人侵奪土地占有，可以主張民法第七六七條的請求權人應是法律上的所有權人，而非僅是「登記名義人」。因此如果土地所有權屬 A 所有，但卻誤登記為 B 所有，A 無須先為塗銷登記，即可對侵奪占有的第三人主張民法第七六七條的物上請求權❾。「登記

名義人」並非是土地的所有權人，對於第三人侵奪土地的占有，「登記名義人」所享有的正確救濟條文不是民法第七六七條的所有權保護，而應是民法第九六二條的占有保護才是。相反地，最高法院判決❿及學說⓫見解卻盡皆認為，不動產所有權的「登記名義人」，仍可以主張民法第七六七條的請求權，如此見解不但未能辨明土地法第四十三條的「土地登記有絕對效力」僅具「推定效力」意義而已，也明顯混淆民法第七六七條是對「所有權」保護，而民法第九六二條是對「占有」保護的法律理論，應有再討論的空間。

民法第七六七條的請求權人必須是所有權人，因此訴訟上欲主張民法第七六七條者當然就必須證明其為所有權人，但該要件的舉證，在動產上頗為困難。即使在不動產，雖然有土地法第四十三條的不動產所有權推定效力，但是如果雙方當事人有所爭議，基於證據力的認定及法官心證的形成，不排除也會使訴訟拖延費日。因此當占有被侵奪，雖然所有權人同時有民法第七六七條及第九六二條的請求權，但就訴訟實務上而言，所有權人主張民法第九六二條的占有保護，實提供一個快速便捷的途徑。換言之，民法第九六二條和第七六七條相較，除一是對占有，一是對所有權提供保護的區別外，就訴訟層面觀之，民法第九六二條更有快速訴訟的功能。須注意的是，民法第九六二條的占有事實保護，因不涉及對占有本權存在與否的認定，因此占有人是否能終極保有其占有，尚須有待另一確認占有本

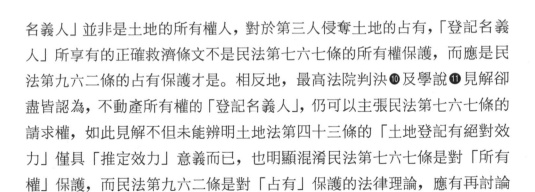

❾　不同意見：參閱王澤鑑，《民法物權(一)》，第 166 頁至第 167 頁。

❿　參閱最高法院 72 年臺上字第 798 號判決：「土地登記簿上現既仍登記訟爭之 497 之 1 地號土地為上訴人所有，則縱有登記錯誤情事，在依法更正其登記前，尚難謂訟爭土地非上訴人所有，不得行使所有物返還請求權」，另參閱最高法院 87 年臺上字第 1087 號判決：「依土地法所為之登記，有絕對真實之公信力，縱使登記有無效或得撤銷之原因，在該登記未塗銷以前，其登記仍不失其效力。系爭土地既登記被上訴人為共有人，被上訴人自得本於所有人之地位行使其權利」。

⓫　參閱謝在全，《民法物權論（上冊）》，第 193 頁；王澤鑑，《民法物權(一)》，第 166 頁至第 167 頁。

權存在的判決確定，所以僅屬於暫時性的占有保護。雖然此一暫時性的占有保護，往往也能夠透過假處分而達成，但是假處分必須繳交擔保金，而為當事人所無法負擔**⓬**，因此民法第九六二條的事實占有保護，在實務上仍有其必要性。

2.權利的占有保護 (Petitorischer Besitzschutz)

就比較法上的觀察，德國民法對於占有的保護，尚有所謂權利的占有保護。例如 A 將筆記型電腦出借於 B，B 卻遺失，而為 C 拾得，因為 B 的喪失占有非經由 C 的侵奪行為而發生，所以 B 無得對 C 主張民法第九六二條，而 B 也不是所有權人，所以民法第七六七條也無適用餘地，B 所應主張者應是權利的占有保護，即「先前的占有人，得以向現在無權占有人請求返還占有物」。權利的占有保護也是一種對於占有狀態的保護，因此請求權人無須證明自己的占有權利，而僅須證明自己的先前占有狀態事實即為已足，同樣具有快速訴訟的功能。此種「權利的占有保護」特色在於，相較於民法第九六二條事實的占有保護，權利的占有保護不以「侵奪占有」為要件，而相較於民法第七六七條，權利的占有保護仍非是對於所有權的保護，即請求人雖非是所有權人，卻仍可以享有該請求權。我國民法物權編欠缺權利的占有保護的相關規定，是為對占有保護的不足，此次民法物權編修正，應可以考慮導入權利的占有保護相關規定，以完整占有人的占有保護。須注意的是，權利占有所保護者不是單純的「占有事實」，而是「有權占有」，因此被告可以進一步主張自己的有權占有以為抗辯，以終極的保有占有。例如 A 將筆記型電腦出借給 B，B 卻將該筆記型電腦讓與善意之 C，C 因而善意取得電腦所有權（民法第八〇一條、第九四八條），則 C 可以拒絕 B 對其主張權利占有保護請求。也因為權利占有保護是在保護「有權占有」，所以如果被告可以證明，請求權人自己的先前占有是基於不法而占有，權利占有保護請求當然即被排除。也因為權利占有保護所保護者是

⓬ Schwab/Prütting 卻認為假處分相較於占有保護規定，是較快速且負擔較輕的手段，參閱其 Sachenrecht, §14 VI。

有權占有的受侵害,因此請求權人除可以向無權占有人請求返還占有之外,尚擁有如同主張民法第七六七條時所產生的民法第九五三條以下的損害賠償、(必要及有益)費用償還及孳息返還請求權的適用。

二、物權變動公示性

占有制度在民法上的重要性,除是在於保護占有的事實之外,**也具有公示物權變動的功能性**。基於物權的絕對性質,物權變動有公示要求的必要性**⓭**。就動產物權的變動公示性,占有是當中重要且實際可以被考量的方式,因為藉由動產占有的變動,可以使得第三人清楚的辨識動產權利之變動,因此民法許多對於動產所有權取得的規定,都是以占有動產為要件,例如第七六一條清楚規定:「動產物權之讓與,非將動產交付,不生效力。但受讓人已占有動產者,於讓與合意時,即生效力。讓與動產物權,而讓與人仍繼續占有動產者,讓與人與受讓人間,得訂立契約,使受讓人因此取得間接占有,以代交付。讓與動產物權,如其動產由第三人占有時,讓與人得以對於第三人之返還請求權,讓與於受讓人,以代交付。」再如民法第七六八條規定:「以所有之意思,五年間和平公然占有他人之動產者,取得其所有權。」民法第八〇二條規定:「以所有之意思,占有無主之動產者,取得其所有權。」再如民法第八八五條對質權的設定規定:「質權之設定,因供擔保之動產移轉占有而生效力。」此外,善意相信為所有權人的占有人,依民法第九五二、九五八條,得就占有物為使用、收益。**此等對於動產權利的取得規定,都是以占有動產標的物為必要,充分展現占有在法律上,作為對於動產權利取得的公示性的重要性。**

也正是基於占有對於動產權利取得所具備的公示性功能,因此**善意相信占有事實而受讓物權者,自也有受善意受讓保護的必要。**因此民法第八〇一條即規定:「動產之受讓人占有動產,而受關於占有規定之保護者,縱讓與人無移轉所有權之權利,受讓人仍取得其所有權」,民法第九四八條規定:「以動產所有權或其他物權之移轉或設定為目的,而善意受讓該動產之

⓭ 參閱王澤鑑,《民法物權(一)》,第 92 頁。

占有者，縱其讓與人無讓與之權利，其占有仍受法律之保護」。

三、所有權證明的簡化

正因為占有是民法用來公示動產所有權得、喪、變更的表徵，所以占有和動產所有權即會發生密切的關係，例如民法第九四三條即規定：「占有人於占有物上行使之權利，推定其適法有此權利」，將占有人和推定擁有適法權利相互連結。而因為在**不動產的權利變動是以「登記」為公示表徵**，因此不同於動產，不應以「占有」為推定不動產權利存在的媒介，所以民法第九四三條的占有推定權利存在，自應僅限於動產❶，因此八十八年五月立法院院總第一一五〇號議案提出民法第九四三條第一項修正草案為：「占有人，於占有物上行使之權利，除以登記之不動產物權外，推定其適法有此權利」，符合占有理論，可資贊同。有問題者，不動產房屋的原始取得，不以登記為必要，則是否民法第九四三條對於推定原始取得人有所適用❶？例如不動產房屋的占有人可否根據民法第九四三條而推定是原始取得人？本書認為，因為不動產的原始取得，雖然不以登記為必要，但是也不以「占有」不動產房屋為要件，而是以事實上的起造人為不動產房屋取得人❶，換言之，不動產房屋的「占有」和起造事實並無相當的關連性，

---

❶ 參閱最高法院 29 年上字第 378 號判決認為：「確認土地所有權存在之訴，原告就所有權存在之事實，固有舉證之責任。惟原告如為占有該土地而行使所有權之人，應依民法第九百四十三條推定其適法有所有權者，依民事訴訟法第二百八十一條之規定，除被告有反證外，原告即無庸舉證」，自不應再予援用。

❶ 感謝東吳大學廖榮寬研究生所提供的問題思考。

❶ 參照最高法院 91 年臺上字第 2188 號判決：「按物之出賣人負交付其物於買受人，並使其取得該物所有權之義務，民法第三百四十八條第一項規定甚明。查系爭房屋係依據上訴人與敦泰公司所訂立之委建契約書，由敦泰公司負責建造，房屋起造人為上訴人，迄未辦理所有權保存（第一次）登記，為原審認定之事實。果爾，依修正前土地登記規則第七十三條規定，申請建物所有權第一次登記者，以使用執照所載起造人為原則，故出賣人以將來建造完成之建築物出賣於買受人者，非不得以買受人為起造人，約定使買受人『原始取得』建築

所以「占有」不動產房屋的事實也不足以構成足夠的信賴表徵，顯示占有人即是起造人，當然也無從適用民法第九四三條。欲購買尚未登記的不動產買受人，仍是應在為不動產第一次總登記後為之，始能受到法律完整的善意保護。

1.直接、間接占有關係

　　民法第九四三條規定經由占有可以推定有適法權利存在，首要的例子即屬推定所有權，此觀民法第九四四條第一項明示：「占有人，推定其為以所有之意思，善意、和平及公然占有者」❶，即占有人可以先藉由民法第九四四條第一項推定其為自主占有，再依民法第九四三條推定有所有權，清楚可知❶。除自主占有人的所有權推定外，民法第九四三條也推定他主占有人有適法的占有權，例如 A 將其占有的書本交付給 B 使用，此時 B 對書本是直接占有人，而 A 是間接占有人（參閱民法第九四一條），間接占有人 A 可以主張民法第九四四條第一項，推定為自主占有人，再依民法第九四三條推定為所有權人。但因為 B 是他主占有人，自無得對第三人主張民法第九四三條推定為書本所有權人，但是 B 卻可以以他主占有人的事實，對第三人主張民法第九四三條，推定其對該書本有所有權以外的占有權，例如租賃權，使用借貸權等等。非常有問題的是，如果 A 向 B 主張民法第七六七條，請求返還書本占有，則 B 似乎亦可以依民法第九四三條，主張推定其有所有權以外占有權，而為有權占有，以排除 A 的民法第七六七條

　　物之所有權，並非必須由出賣人原始取得建築物所有權，於辦理第一次登記後，辦理移轉登記於買受人而後可。蓋物之出賣人負有使買受人取得該物所有權之義務，至如何使其取得該物之所有權，別無限制。」

❶　參閱最高法院 89 年臺上字第 859 號判決：「且無權占有他人土地建築房屋，不當然即為以行使地上權之意思而占有。依民法第九百四十四條第一項規定，占有人，原則上雖推定其為以所有之意思，善意、和平及公然占有，惟以取得他項財產權之意思行使其權利，則不在民法第九百四十四條第一項所定推定之列。」

❶　參閱王澤鑑，《民法物權㈡》，第 238 頁。

所有物返還請求權。換言之，A 必須舉反證證明，B 並無適法的占有權利存在，始能請求返還書本，但是該舉證對 A 而言，卻是極度空泛，而顯異常困難。例如如果 A 僅是證明兩人之間無租賃權，仍有不足，A 尚必須證明兩人之間並無借貸關係，即使如此仍是不夠，A 又必須證明兩人之間，亦無寄託關係等等，如此的舉證將無止境，對 A 極盡苛求。因此此次物權法修正草案，將民法第九四三條新增第二項：「前項推定，於占有人行使所有權以外之權利時，對使其占有之人，不適用之」，相反地，必須由 B 就其占有權的存在負說明及舉證責任，以排除所有權人 A 的物上請求權，就舉證責任的分配上，堪稱公允。

但必須強調的是，民法第九四三條第二項修正草案僅能適用於當事人行使所有權以外的「直接占有」和「間接占有」關係時，如果雙方當事人根本無直接、間接占有關係，或是爭執其間關係究竟是否是直接、間接占有關係，則民法第九四三條第二項修正草案即無適用餘地。例如 A 向 B 主張民法第七六七條，請求 B 返還所占有的汽車，A 主張其只是基於所有權保留買賣，將汽車交 B 占有而已，A 仍是汽車所有權人。但 B 卻主張，該汽車買賣是單純不附條件的買賣，A、B 之間並無直接占有及間接占有關係。此時本案對於民法第七六七條的請求權爭議，B 即可以主張現行民法第九四三條的占有權利推定，而改由 A 負舉證證明，B 是無權占有，A 不得援用民法第九四三條第二項修正草案❶。再如 A 將汽車交付 B 使用，雙方爭執究竟是買賣關係抑或租賃關係，此時亦須由 A 負舉證責任，民法第九四三條第二項修正草案亦無適用餘地。

2. 僅具推定效力，不具實體效力

民法第九四三條在實務運用上，最重要者，當屬所有權人主張民法第七六七條，向無權占有人請求返還所有物，此時所有權人僅需證明該物之前曾在其占有中，即可依民法第九四三條推定其為所有權人，而改由被告舉證請求權人非該物所有權人。換言之，民法第九四三條不僅是推定現在

---

❶ 參閱 BGH 1975, 1269.

的占有人是所有權人（所謂「權利狀態推定」），也對以前的占有人取得占有時，推定當時取得所有權（所謂「權利取得推定」）❷⓪。此外，民法第九四三條的所有權推定，在侵權行為的損害賠償實務上，也具有非常重要的地位，例如當占有人所占有之物遭他人侵害，占有人僅須證明該物為其占有，即可依民法第九四三條推定為所有權人，而依民法第一八四條請求損害賠償之給付，而無須再具體明確證明，其是真正所有權人。反之，侵權行為人必須舉反證證明，該占有人為無權占有人，以排除其侵權行為請求。對於本例，卻有學說❷①認為：「因過失毀損他人占有之物，向占有人為損害賠償時，得援用推定占有人為所有人，而發生清償的效果」，應是誤認民法第九四三條有實體善意保護效力之結果，而有再討論必要。蓋民法第九四三條的法律效果是使占有人「推定其適法有此權利」，僅具推定效力，即在簡化所有權人的所有權證明，而並無任何實體法上效力，當然也無第三人善意保護的實體法效果，例如相信動產讓與人占有動產而受讓之，其所發生的動產善意取得法律效果，其條文依據是民法第八〇一條及第九四八條，而並無適用民法第九四三條的餘地❷②，上述學說似乎誤認民法第九四三條有實體效力。況且，民法第九四三條因為是推定效力，因此如果真正所有權人能夠反證證明，占有人並非真正所有權人，則善意賠償的第三人豈非無得主張民法第九四三條的保護，而必須再向真正所有權人為給付？可見民法第九四三條不宜，也不能被當成是善意給付免除責任的根據。因過失毀損他人占有之物，向占有人為損害賠償時，該善意賠償之人自有善意保護之必要，本書主張應類推適用民法第三一〇條第二款規定，較為適宜。

3.民法第九四三條是為占有人利益

⑴不利益推定？

　　至今學說❷③一致認為，民法第九四三條規定占有權利的推定，不限於

---

❷⓪　參閱謝在全，《民法物權論（下冊）》，第 567 頁。

❷①　參閱王澤鑑，《民法物權㈡》，第 239 頁。

❷②　參閱王澤鑑，《民法物權㈡》，第 257 頁。

為占有人之利益，對其不利益亦有適用之餘地。對此，本書亦深感質疑。首先由民法第九四三條的原文：「占有人於占有物上行使之權利，推定其適法有此權利」，其法律效果是推定占有人有適法占有權利，換言之，民法第九四三條是占有人的「權利推定」，而不應成為占有人的「負擔推定」。除此之外，條文所推定者是占有人的適法占有權利，而權利的享有，理應由權利人自行決定主張與否，他人無從代替權利人主張權利，否則將形同強迫權利人主張權利。況且，第三人強制權利人主張的「權利」，結果卻是不利權利人，仍可謂是權利人的「權利」❷❹？基於以上所述理由，現今學說認為第三人也可以依民法第九四三條，就占有人的不利益，主張其有適法占有權利，實不符合權利的本質。因此本書認為，民法第九四三條的占有的適法權利推定，應僅針對有利占有人而言，例如 A 對 B 所占有的汽車重新加以烤漆，此時 A 不得依民法第九四三條，向 B 主張推定 B 是所有權人，B 必須負無因管理的費用償還義務（民法第一七六條第一項）。相反的，如 A 欲向 B 主張無因管理費用償還，A 必須明確證明 B 是所有權人，始得為之。也因為民法第九四三條不能對占有人為不利益之適用，因此出租人不能主張民法第九四三條，推定承租人占有之物而置於其所承租的不動產內者，為承租人所有，而成立法定留置權（民法第四四五條）。相反的，如果出租人欲主張民法第四四五條的法定留置權，則必須負舉證證明，該動產為承租人所有，始能為之 ❷❺。

⑵強制執行程序之適用

債權人取得勝訴判決，在對債務人之動產進行強制執行時，學說 ❷❻ 認

---

❷❸　參閱謝在全，《民法物權論（下冊）》，第 568 頁；王澤鑑，《民法物權㈡》，第 238 頁；史尚寬，《民法物權》，第 524 頁；姚瑞光，《民法物權論》，第 403 頁。

❷❹　即使是民法第 242 條代位權行使，結果也是權利直接歸屬於權利人，不會對權利人產生不利益結果。

❷❺　不同意見：參閱謝在全，《民法物權論（下冊）》，第 568 頁。須注意的是，在民法第 928 條修正後，一般留置權也可以針對他人動產而成立：「稱留置權者，謂債權人占有他人之動產，而其債權之發生與該動產有牽連關係，於債權已屆清償期未受清償時，得留置該動產之權」。

為，債權人可以主張民法第九四三條規定，推定債務人所占有之動產為其所有，而聲請法院查封之。該結果表面上似乎是民法第九四三條適用於不利益占有人的情形，但是如再加以詳細論證，並非如此。雖然強制執行法未為清楚規定，執行人員可以就債務人所占有的動產為查封行為，但就整個強制執行程序規定，及參考強制執行法第四十八條，應當作如是解釋。而當強制執行人員依強制執行法，將債務人所占有的動產，強制由執行人員實施占有（強制執行法第四十七條），以為查封，縱使該動產所有權非屬債務人所有，債務人亦無得以反證證明該動產非是其所有，而排除該查封行為。換言之，強制執行人員對債務人所占有的動產，執行動產查封行為時，根本無須引用，也不能引用民法第九四三條規定，「推定債務人所占有動產屬於債務人所有」，因此債務人自也無得主張反證，以排除查封行為。

　　強制執行人員查封債務人所占有的動產，即使該動產不屬於債務人所有，債務人亦無得主張異議之訴，只有真正的權利人可以提起第三人異議之訴（強制執行法第十五條），以撤銷其強制執行。因此，民法第九四三條在強制執行有無適用，該問題不應是發生在債權人和債務人之間，而是應發生在債權人和提出第三人異議之訴的第三人間，即債權人得否主張該被債務人所占有之動產，依民法第九四三條推定為債務人所有，若第三人有異議時，應由第三人舉反證證明，其才是該動產所有權人。對此問題，學說一致採肯定說，本書亦從之。但是即使如此，也不能被誤會成，民法第九四三條可以適用於不利於占有人，因為在強制執行中，由占有推定所有，所產生真正不利益的當事人是異議第三人，而非占有該動產的債務人。

　　總之，對於強制執行程序中的第三人異議之訴，債權人可以引用民法第九四三條，主張債務人所占有之動產，推定為債務人所有，並無違反該條文不得為占有人之不利益而適用的原則。因此，當一方配偶的債權人對該配偶所占有之動產為強制執行時，對於他方配偶所提的異議第三人之訴，主張該動產為其單獨所有，則債權人自也可以主張民法第九四三條，推定

㉖　參閱謝在全，《民法物權論（下冊）》，第 568 頁；王澤鑑，《民法物權㈡》，第 239 頁。

債務人配偶所占有的動產，為債務人配偶所有。須注意的是，往往家庭內的動產，例如電視、音響，甚至汽車，通常是為雙方配偶所共同占有（參閱民法第九六五條），經由該共同占有事實，依民法第九四三條亦應推定配偶占有的適法權利僅是分別共有關係而已，因此債權人只得依強制執行共有物的方式為執行，即拍賣應有部分而已。

四、占有提供權利加強保護

占有的另一項功能在於，透過占有可以強化占有人的權利保護。最典型的例子即屬民法第四二五條的「買賣不破租賃」：「出租人於租賃物交付後，承租人占有中，縱將其所有權讓與第三人，其租賃契約，對於受讓人仍繼續存在」。依該條文，承租人原本僅有具債權相對效力的租賃權，但在承租人占有租賃物期間，其租賃權會被加強而有對抗第三人的效力，以致其租賃權可以用以對抗租賃物的新受讓人（新所有權人），學說稱此為「債權物權化」。也因為租賃權人占有租賃物，使得債權效力被加強，而具有物權般可以對抗第三人的效力，因此如租賃物受他人侵害而使租賃權受妨礙，承租人亦可以主張民法第一八四條第一項前段的「權利」受侵害，請求損害賠償。

 例題演練

例 題 1 ▽

A 向 B 購買別墅一棟，嗣後 B 以此交易存有瑕疵而撤銷債權與物權契約後，在 A 尚未搬離該別墅之時，對於竊佔該別墅的流浪漢，可否有所主張？

提 示

　　AB 間之債權行為與物權行為既已撤銷，A 就該別墅僅具有「登記名義人」之身分，而非屬所有權人，對於第三人的竊佔，「登記名義人」所享有的正確救濟條文不是民法第七六七條的所有權保護，而應是民法第九六二條的占有保護才是。相反地，最高法院判決及學說見解卻盡皆認為，不動產所有權的「登記名義人」，仍可以主張民法第七六七條的請求權，如此見解不但未能辨明土地法第四十三條的「土地登記有絕對效力」僅具「推定效力」意義而已，也明顯混淆民法第七六七條是對「所有權」保護，而民法第九六二條是對「占有」保護的法律理論，應有再討論的空間。

例題 2 ▽

　　AB 爭執某古董的所有權歸屬而於法院進行訴訟，A 主張該古董為其所有，是 B 某日強行將其搶走，B 則主張該古董為其所有，始強行自 A 取回，若 A 苦無可證明其為所有人之情形下，你可提供哪些法律上之建議使其取回該古董？

提 示

　　訴訟上欲主張民法第七六七條者當然就必須證明其為所有權人，但該要件的舉證，在動產上頗為困難。即使在不動產，雖然有土地法第四十三條的不動產所有權推定效力，但是如果雙方當事人有所爭議，基於證據力的認定及法官心證的形成，不排除也會使訴訟拖延費日。因此就訴訟實務上而言，所有權人主張民法第九六二條的占有保護，實提供一個快速便捷的途徑。須注意的是，民法第九六二條的占有事實保護，因不涉及對占有本權存在與否的認定，因此占有人是否能終極能保有其占有，尚須有待另一確認占有本權存在的判決確定，所以是僅屬於暫時性的占有保護。

例題 3 ▽

　　A 於南部向 B 購買一棟尚未合法登記之自建透天厝，在 A 欲進行裝潢

時，C 向其主張房屋為其所建，B 僅是請來看管之人員時，A 得否以 B 當時占有該透天厝，按民法第九四三條之規定推定其為起造人，而主張善意取得？

提示

不動產的原始取得，雖然不以登記為必要，但是也並不以「占有」不動產房屋為要件，而是以事實上的起造人為不動產房屋取得人，因此不動產房屋的「占有」和起造事實並無相當的關連性，所以「占有」不動產房屋的事實也不足以構成足夠的信賴表徵，顯示占有人即是起造人，當然也無從適用民法第九四三條。欲購買尚未登記的不動產賣受人，仍應在為不動產第一次總登記後為之，始能受到法律完整的善意保護。

例題4 ▼

養豬戶 A 之小豬某日玩耍跑至養豬戶 B 之豬舍，A 發覺後遂至 B 之養豬舍請求返還，B 得否以該小豬現為其所占有而主張其始為所有權人；設若系爭小豬偷吃隔壁農夫 C 之蔬果時，C 可否以該小豬為 B 所占有而主張 B 應負所有人之賠償責任？

提示

至今學說一致認為，民法第九四三條的占有權利的推定，不限於為占有人之利益，對其不利益亦有適用之餘地。本書認為，民法第九四三條是占有人的「權利推定」，而不應成為占有人的「負擔推定」。除此之外，條文所推定者是占有人的適法占有權利，而權利的享有，理應由權利人自行決定主張與否，他人無從代替權利人主張權利，否則將形同強迫權利人主張權利。因此本案中 B 得以其占有該小豬主張其為所有權人，但此主張僅具有推定之效力，A 得舉證推翻；另外，C 以該小豬為 B 占有而為不利於 B 之主張，應無民法第九四三條之適用，C 仍應證明 B 為該小豬之所有權人。

3 | 占有的取得、喪失及類型

占有的取得及喪失

一、經由對物的事實管領力而取得

民法第九四〇條對占有（人）所下的定義是：「對物的事實管領力（者）」。因此，凡是對物有事實管領力者，就是占有人，而事後失去對物管領力者，即失去占有。依此，占有是否成立、失去，可以依以下要素加以檢視：

1.客觀要素

物的占有人，首先必須是在客觀上對物有事實上管領力者，例如身上所穿的衣服，或是所戴的耳環，穿戴人明顯都是該物的占有人，或是擁有汽車的鑰匙，就是對汽車擁有管領力，為汽車的占有人。而對於置於屋內的物品，因為屋子是一封閉的空間，只有房屋占有人對該些物品有管領力，所以房屋的占有人就是屋內物品的占有人；除此之外，其他置於相同有封閉性的空間之物，例如置於庭院或是籬笆所圍的土地上之物，不動產占有人即是該物的占有人。但是某人是否對物有客觀上的事實管領力，有時並不容易判斷，此時必須藉由一般社會觀點加以確認才行，例如 A 把即將要丟棄的書桌置於屋前（門前），按照一般社會觀點的認知，屋前（門前）仍是房屋占有人隨手可及的領域，因此置於該領域之物，仍應是尚在屋主的實力支配範圍內，即仍在 A 的占有當中才是，所以尚難認定 A 已失去對該書桌的占有，而發生拋棄該書桌的法律效果（參閱民法第七六四條）。

在日常生活中，常見將書包或是筆記本置於課堂的書桌上，以表示占有該書桌而擁有聽課的權利，或是以盆栽占住停車位，甚或以「人」占住停車位，以宣示已經占有停車位。如此情形，如果以「社會觀點」加以檢驗，都難以肯定可以構成占有，因為基於書桌的功能是為上課，而停車位的功能是在提供停車機會而觀之，必須以聽課人確實坐在書桌上或是駕駛將車子停妥在停車位內，始能被認同符合使用書桌聽課及停車的功能。因

此，其他人如果見書桌上僅有書本或是停車位上放置盆栽，都可以以適當方式將之移除，而占有書桌及停車位。原先書本及盆栽所有人因為尚未占有課堂書桌及停車位，因此無從主張民法第九六〇條（自力救濟）及第九六二條的占有保護。

比較有問題的是，如果 A 以身體占住停車位，則真正要將車駛入停車位，以進行占有之駕駛 B，應如何主張？是否 B 可以以車子強行撞開 A？因為 B 也尚未占有停車位，所以並無從主張民法第九六〇條的自力救濟及第九六二條的占有保護。此時 B 因為已經有要進行合法的占有停車位的行為，雖然停車位的占有，僅是一般利益，而非是具有排他性的權利，所以 B 雖未必能夠主張其有「權利」受侵害（參閱民法第一八四條第一項前段），但是該合法行為所應享有的一般利益，自也不應任由他人以「故意違背善良風俗之方法」而受到損害（參閱民法第一八四條第一項後段）。

所以本書認為，在此一情況下，B 當然可以主張其占有停車位的一般利益，應當受法律保障，故 B 可以向 A 主張民法第一五一條的「自助行為」，以己力排除 A 的「故意以違背善良風俗之方法」的利益妨礙行為，而不須負強制罪刑責及損害賠償❷❼。而更棘手的例子是，駕駛 A 看見某停車位是空的，根據一般社會觀點，明顯地此時 A 仍尚未占有該停車位。但當 A 已將車緩緩駛近停車位，並打燈號，表示準備進行「倒車」動作，以停入停車位，此時 B 卻搶先將車停進停車位。是否 A 在本例亦可以主張民法第一八四條第一項後段，端視 B 是否明知 A 已經有準備占有停車位的動作，並接近完成中，而「故意」加損害於 A。如有，A 即可以主張侵權行為的損害賠償，但如果 B 並未見 A 有準備占有停車位的動作，並接近完成中，則 B 即無須負損害賠償責任。

---

❷❼ 民法第 151 條的自助行為，要件頗為嚴格，如果當時 B 可以求助於警察人員，自應等待警察人員的處理，而不得主張自助行為。再者，雖然民法第 151 條條文本身並未明言，但是在適用上當然要如同民法第 149 條一般，必須考量雙方當事人的利益平衡，因此如以高速撞傷他人，而只為求得停車位，當然行為人也無得主張「自助行為」，以排除其行為的不法性。

2.主觀要素

　　雖然民法第九四○條對占有的定義，並未指出占有人必須有主觀上對物有支配意思存在，但是學說❷皆一致認為占有的成立，必須有占有人主觀上有對物的支配意思為必要，因為客觀上對物的「事實支配力」，如果沒有主觀的支配意思存在，實在殊難想像。

　　只是占有畢竟是一種事實行為，而非法律行為，所以占有人主觀上的支配意思，當然不是「意思表示」，所以自無須以占有人有行為能力為必要。學說❷要求，占有人的占有支配意思，只要占有人有自然的認識能力為已足。換言之，即使是精神耗弱之人，或是限制行為能力人也可能是占有人。相反地，初生嬰兒手上的奶嘴❸，或是植物人對於家中之物，因為欠缺自然的占有認識能力，所以不是占有人。

　　一般而言，占有的主觀意思不須具體的針對個別標的物而存在，而以概括的占有意思即為已足，例如 A 對於其屋內所置之物，都有概括占有的意思，即使 A 無法清楚的知道，到底有哪些具體的東西在其屋內，A 都是屋內之物的占有人。除非一些物體超乎其一般概括的想像，例如其屋內埋有百年古董，則 A 的概括占有意思，自然不及該古董，而非古董的占有人。雖然占有人的主觀占有意思以概括占有即為已足，但是往往也可以由占有客觀上支配力的範圍特性推知，占有人的概括占有意思，也僅是有意針對特定物而已，例如 A 所設置的信箱，依其性質及功能得知，A 的概括占有僅有對於信件及報紙等物，如果有小偷將盜贓物藏於其中，難謂 A 是該盜

---

❷　參閱謝在全，《民法物權論（下冊）》，第 513 頁；王澤鑑，《民法物權(二)》，第 158 頁至第 160 頁。但姚瑞光，《民法物權論》，第 387 頁；史尚寬，《民法物權》，第 479 頁至第 480 頁；鄭玉波著／黃宗樂修訂，《民法物權》，第 406 頁至第 407 頁則採反對見解。

❷　參閱謝在全，《民法物權論（下冊）》，第 513 頁；王澤鑑，《民法物權(二)》，第 160 頁。

❸　參閱謝在全，《民法物權論（下冊）》，第 513 頁；姚瑞光，《民法物權論》，第 387 頁。

贓物的占有人 ❸ 。

3.時間要素

　　僅是有客觀上的事實支配力及主觀上的支配意思，對於占有的成立尚嫌不足，民法在符合一般社會觀點的要求下，尚且要求**占有人對於該物的事實支配力，須有時間上的持續性**，僅是一時的事實上支配力取得，仍未取得對物的占有（參照民法第九六四條的解釋）。例如拿開架式圖書館的架上圖書來翻閱，立即將之歸架，圖書閱覽者仍非是該圖書的占有人，或是顧客將置於咖啡廳內的雜誌，拿出翻閱，顧客也非該雜誌的占有人。值得注意的是，上述的圖書閱覽人或是咖啡廳顧客，雖然一方面不是圖書、雜誌的占有人，而另一方面因和圖書館及咖啡廳老闆之間欠缺指示、監督關係，所以也不是該等人的占有輔助人（民法第九四二條），因此如有第三人現時侵奪其手上書本或是雜誌，該等人原本並無自力救濟之權（參閱民法第九六〇條），但是參照民法第九六一條賦予非占有人的占有輔助人也有自力救濟權利，因此基於相同理由，為避免對真正占有人產生立即不利益的結果，當然也應同意此等既非是占有人，也不是占有輔助人的圖書閱覽人或是咖啡廳顧客，也可以行使民法第九六〇條的自力救濟權利，成立阻卻違法事由才是 ❸ 。

　　對物的占有持續性，是占有存在的不可欠缺要素，此為**民法第九六四條明定：「占有，因占有人喪失其對於物之事實上管領力而消滅。但其管領力僅一時不能實行者，不在此限」**。依此，一時將物遺忘在他處，在尚未被他人拾得前，如能即時取回，仍不失是該物之占有人，或是漏夜排隊購買名牌環保袋的盲目名牌瘋狂者，不會因為只是一時去上廁所，而失去其對空間的「占有地位」。再如，當 A 已將汽車駛入停車格，至此已正式取得占有地位（民法第九四〇條），但 A 為將汽車停正，又將汽車駛出停車格（一

❸　參閱謝在全，《民法物權論（下冊）》，第 513 頁；王澤鑑，《民法物權㈡》，第 160 頁。

❸　參閱下述第四章。

時失去事實管領力），準備再次倒車。如果 B 此時以身體占住停車位，並不讓 A 將車停入，A 即可以行使民法第九六〇條的「自力救濟」，甚而可以在未傷害 B 之情形下，以汽車將 B 頂出停車格。除此之外，晚上睡夢中，或是病人在手術時，因麻醉而失去知覺，雖然已無占有意思，但因僅是一時失去對物之管領，依民法第九六四條仍是屋內之物的占有人，小偷如有竊盜行為，或是護士趁機取走病人衣服內之物品，當然構成侵奪占有（民法第九六〇、九六二條），殆無疑義。

二、占有取得之方式

1. 類　型

占有人因對物取得事實上的管領力，而成為物的占有人。而鑑於占有人取得對物的管領力過程的不同，占有的取得又可區分成「原始取得」及「繼受取得」兩種。占有的原始取得，指占有的取得並非基於前手既存之占有而取得之占有❸，例如遺失物之拾得、無主物之先占等等。而占有的繼受取得，則是指基於他人既存之占有而取得占有者❹，最典型例子即屬民法第九四六條第一項的「占有移轉」：「占有之移轉，因占有物之交付而生效力」。基於該條文文意「交付」可知，占有因移轉而繼受取得，除須對物取得事實管領力之外，尚必須有移轉合意始足當之，如果未得占有讓與人同意移轉占有，受讓人自己直接強行取得物之占有者，自不構成「交付」。例如民法第三四八條第一項規定：「物之出賣人，負交付其物於買受人，並使其取得該物所有權之義務」，雖然出賣人和買受人間已經對物的所有權移轉有讓與之合意，但倘若買受人未得出賣人同意，強行由出賣人處取走買賣標的物，自仍非是民法第三四八條第一項所謂之「交付」，買受人仍未取

---

❸ 參閱謝在全，《民法物權論（下冊）》，第 555 頁；王澤鑑，《民法物權㈡》，第 215 頁。

❹ 參閱謝在全，《民法物權論（下冊）》，第 556 頁；王澤鑑，《民法物權㈡》，第 216 頁。

得買賣標的物之所有權。但是根據民法第九四六條第二項:「前項移轉,準用第七百六十一條之規定」,此時出賣人可以事後同意占有之移轉(簡易交付),使買受人終極取得物之所有權。除此之外,以民法第七六一條第二項的「占有改定」,或是第三項的「讓與返還請求權」方式,取得物之占有者,依民法第九四六條第二項規定,和占有之交付移轉一般,亦同為「繼受取得」❸ 。

「占有」因交付而移轉(參照民法第九四六條第一項),而以雙方當事人的占有合意移轉為必要,此一「占有移轉合意」,依學說❸一般見解,認為是一種法律行為(意思表示),因此必須適用民法第七十五條以下,占有移轉雙方必須符合行為能力的要求。換言之,無行為能力人或是限制行為能力人都無法為有效的占有交付移轉,除此之外,占有交付移轉的合意,也有意思表示錯誤、詐欺(參照民法第八十八、九十二條)等等的適用。但本書以為,占有僅是一種「事實」,因此此一占有事實移轉的合意,也自非是法律行為(意思表示)❸,因此也無從適用民法第七十五條以下,有關行為能力的要求等等。換言之,即使是受監護宣告之人(民法第十四條以下)或是限制行為能力人,也都可以有效的移轉占有於他人。有效的占有交付移轉合意,所要求者應是占有移轉的讓與人與受讓人,必須具備一般的自然辨別能力,能夠明白占有移轉的意義即可,如果連該等自然辨別能力也欠缺,當然也就無法為有效的占有移轉合意。

2.區分實益

民法之所以區分占有取得方式為「原始取得」和「繼受取得」,自有其意義。民法第九四七條第一項規定:「占有之繼承人或受讓人,得就自己之

---

❸ 參閱謝在全,《民法物權論(下冊)》,第558頁;王澤鑑,《民法物權(二)》,第219頁至第221頁。

❸ 參閱謝在全,《民法物權論(下冊)》,第557頁;王澤鑑,《民法物權(二)》,第218頁;姚瑞光,《民法物權論》,第398頁至第399頁。

❸ 參閱鄭冠宇,〈占有之取得〉,《華岡法粹》,第23期,第148頁至第152頁。

占有，或將自己之占有與其前占有人之占有合併，而為主張」，可見如果占有是經由交付而移轉，則占有受讓人可以主張合併前手的占有，而為主張。此一條文在時效取得，最具重要性，例如占有的受讓人，即使事實上取得動產之占有未足五年，但是卻可以合併前手的占有時間，而主張民法第七六八條的時效取得動產所有權。但如果後手占有人依民法第九四七條第一項，合併前手占有人的占有而為主張，則依民法第九四七條第二項：「合併前占有人之占有而為主張者，並應承繼其瑕疵」，前手之占有，如有隱密、強暴占有等瑕疵，後手占有人均應一併承繼之。

占有之類型

不同的占有類型，會有不同的法律效果。而占有類型，會因區別劃分的標準不同而有所不同。以下就民法物權編最常出現的占有類型加以說明：

一、以占有人之主觀意思區分──「自主占有」、「他主占有」

民法物權編以占有人對於占有的主觀心態不同為標準，區分占有為「自主占有」及「他主占有」。所謂「自主占有」是指以自己所有之意思而占有者（參照民法第九四四條），至於自主占有人是否是有權占有人，則在所不問，例如小偷也可以是自主占有人。所謂「他主占有」則是指對物不以自己所有意思而加以占有者，例如物之承租人或是借用人等等。而占有人主觀上究竟是以「自主占有」或是「他主占有」的意思而占有，往往不易認定，民法第九四四條第一項推定占有人是「自主占有」。而有爭議的是，此一是為自己或為他人所有而占有的主觀心態，究竟有無民法第七十五條以下，有關行為能力的適用，則不無疑問。對此，本書仍持一貫之主張而認為，「占有」僅是一種事實，所以決定「自主占有」或是「他主占有」的主觀心態，當然也不是意思表示（法律行為），所以不以占有人有行為能力為必要，而僅須有自然的認識能力，即為已足❸。

民法區別「自主占有」或是「他主占有」，首要實益即在主張時效取得所有權：依民法時效取得相關規定（參照民法第七六八、七六九、七七〇條），取得人須以自主占有為必要。只是主張時效取得往往也必須以「公然占有」為要件，而通常的時效取得情形，時效取得人往往是已經先以「他主占有」型態占有標的物，接下來才改以「自主占有」型態，歷經一定時間之後，主張時效取得所有權。而時效取得的時效計算，自應以占有人改以「自主占有」時起算。只是必須注意的是，不能單純只因占有人的主觀心態由「他主占有」改變成「自主占有」，占有人即可以主張時效取得，民法第九四五條即清楚規定：「占有，依其所由發生之事實之性質，無所有之意思者，其占有人對於使其占有之人表示所有之意思時起，為以所有之意思而占有；其因新事實變為以所有之意思占有者亦同」，換言之，民法第九四五條清楚要求，占有人必須在客觀上有清楚可辨的新事實，例如物之承租人拒交房租，或是無權處分占有物等等，而足以使外界第三人可以認知，占有人已經由「他主占有」改變為「自主占有」，並進而開始進行時效取得，始能認定占有人的主觀占有心態已經改變。否則單純只是占有人的主觀心態變動，而不足使外界認知該新事實，以致他人無法行使返還請求權，而避免時效取得法律效果，對權利人而言，殊不公平。

二、以占有人數區分——共同占有（民法第九六五條）

1.分別占有、公同占有

如同所有權般，占有也可以被多數人所擁有。一物的多數占有人，稱之為「共同占有」，又可區分成為「分別占有」及「公同占有」，前者指數人分別擁有，對於一物之事實上獨立管領力，例如數人分別擁有可以開啟保險櫃的鑰匙，再如數人合租一層樓，對於客廳、廚房，所有承租人是分別占有人；後者指對一物之事實管領力，必須由數人一起共同為之者，例

---

❸ 參閱謝在全，《民法物權論（下冊）》，第 533 頁；王澤鑑，《民法物權㈡》，第 181 頁。

如數人分別擁有開啟保險櫃的鑰匙，而必須全體一起使用該鑰匙，才能打開保險櫃。對於「分別占有」及「公同占有」的認定，最重要的意義即是民法第九六五條的法律效果：「數人共占有一物時，各占有人就其占有物使用之範圍，不得互相請求占有之保護」。換言之，分別占有人或是公同占有人，不能對於其他占有人在行使占有時，主張民法第九六〇、九六二條的占有保護，以排除其他共同占有人的占有，例如房屋承租人不能要求其他承租人，不使用客廳或是廚房等等。如果共同占有是遭受第三人的侵奪，則個別共同占有人都可以各自援引民法第九六二條的占有受侵奪，但法律效果上，則必須主張向全體共有人為返還。至於日常生活經常發生，同寢室室友邀請好朋友一起慶生，是否造成對其他室友（分別占有人）的占有妨害？該案例端視分別占有人如何（明示或是默示）約定使用共同占有空間？如仍在雙方所約定的使用範圍內，當然依民法第九六五條，分別占有人無從禁止其他占有人及第三人的空間使用。但如果配偶無視另一方配偶的存在，公然帶情婦回家，當然違反雙方所默示的對居家空間的使用範圍，一方配偶有權利請求另一配偶必須除去占有妨害及防止妨害（請求不作為）。

民法第七六一條第一項規定，**動產所有權之移轉**，以交付動產占有為必要。**此處的占有交付，必須是使動產受讓人取得唯一的「單獨占有」為必要**，如果僅使動產受讓人取得「共同占有」，例如汽車出賣人雖將汽車交付買受人，但自己卻仍留有一把鑰匙，此時汽車買受人只取得汽車的「分別占有」，難謂汽車所有權已經完成移轉。雖然如此，但並不排除動產物權的移轉或是成立，也可以以「共同占有」的型態來完成，例如民法第八八五條第一項規定：「質權之設定，因供擔保之動產移轉於債權人占有而生效力」，而民法第八一九條第一項又規定：「各共有人，得自由處分其應有部分」，因此如果動產的共有人欲出質其應有部分，則只須使質權人對質物取得「分別占有」即可，而不以使質權人取得唯一的單獨占有為必要。

2.部分占有

必須和共同占有（分別、公同占有）清楚區分的是所謂的「部分占有」。部分占有不是共同占有，而是**指個人對物之重要成分為唯一的單獨占有人**，例如數人合租一棟兩層樓房子，一樓是客廳、廚房，二樓是兩間臥室。該棟房子僅是一個「物」，而數人對於該物中的客廳、廚房空間，是分別占有人，但是對於自己個人的臥室，則個別承租人是單獨占有，稱之為「部分占有（人）」。既然「部分占有」不是共同占有，自然也無民法第九六五條的適用，因此對於未得同意而擅進臥室的其他承租人，臥室占有人當然可以主張民法第九六〇、九六二條的占有保護，以排除其他人的侵害。

三、以社會觀點區分──占有本人[39]、占有輔助人

（民法第九四二條）

1.概念及要件

根據民法第九四〇條對占有（人）的定義是：「對於物有事實上管領之力者，為占有人」。但在該定義之下，民法又規定雖對物有事實管領力，但卻不是占有人的情形，民法第九四二條規定，「受僱人、學徒或基於其他類似之關係，受他人之指示，而對於物有管領之力者，僅該他人為占有人」，依該規定，雖然受僱人、學徒對物有事實管領力，但卻不是物之占有人，真正的物之占有人是指示受僱人、學徒占有的僱用人及師傅，因為**依一般社會觀點言之，既然受僱人及學徒是受他人的指示占有該物，就難謂是物的真正占有人**。另一方面，對受僱人、學徒下達占有指示的僱用人及師傅，利用受僱人及學徒當成其工具，以指示、命令為手段，來遂行對物的事實管領，是真正民法第九四〇條的占有人。舉例言之：士兵手上雖有槍枝，固然客觀上似乎對該槍枝有事實上的支配力，但是士兵對該槍枝的支配卻

---

[39]　學說亦有稱之為「占有主人」或「占有主」，參閱王澤鑑，《民法物權㈡》，第189頁；史尚寬，《民法物權》，第492頁。

是完全依上級長官的命令、指示為之，依一般社會觀點，真正對槍枝有支配力的，當然是下達命令、指示士兵占有之人❹，而非士兵，士兵只不過是他人占有該槍枝所利用的工具罷了。

經由上述的說明，可以整理占有輔助人和占有本人關係的成立，要件如下：

⑴占有輔助人須事實上對物有管領力

占有輔助人只是占有本人取得對物占有的工具，換言之，占有本人利用占有輔助人的對物事實支配力，而取得自己的占有。一旦占有輔助人（例如上述的受僱人或學徒）失去對物的事實管領力，例如占有物被竊，當然占有本人也失去對物的事實上管領力，而失去占有地位。

⑵占有輔助人須受占有本人指示而占有

民法第九四二條最難理解者，即屬條文中所謂的「其他類似之關係」，究竟何指？經由對占有輔助人概念的理解可以知道，要成立占有輔助關係者，必須在占有輔助人和占有本人之間，有如同受僱人之於僱用人，或是學徒之於師傅之間的上下服從、指示關係存在，始可能成立占有輔助關係。據此，則出租人和承租人間（比較民法第九四一條），或是圖書館和圖書閱覽人之間，明顯地都無從成立占有輔助關係。再如，依民法第七一九條規定：「稱無記名證券者，謂持有人對於發行人，得請求其依所記載之內容為給付之證券」，民法第七二〇條之一規定：「無記名證券持有人向發行人為遺失、被盜或滅失之通知後，未於五日內提出已為聲請公示催告之證明者，其通知失其效力」，因此如有 A 公司職員 B 持有支票前往銀行途中遺失，則真正適格聲請公示催告之人，當然是 A 公司，而非 B 職員❹。

是否成立占有輔助關係，往往在個別例子中難以判斷，而只能就個別契約內容，以一般社會觀點為判斷，加以認定。以下就個別問題再加以說明：

①僅需事實上之隸屬

民法第九四二條占有輔助關係中的上下隸屬、指示關係，皆非指法律

---

❹　正確言之，對士兵手上槍枝的真正占有人是國家法人。

❹　參閱司法院第一廳研究意見。發文字號：(73) 廳民一字第 067 號函覆臺高院。

上的隸屬、指示關係，而是指事實上的隸屬、指示關係❷。換言之，即使僱用關係無效，但是如果事實上受僱人受命於僱用人占有標的物，則仍不妨礙占有輔助關係的成立，這是因為「占有」僅是一事實之故。甚至占有輔助人和占有本人之間，沒有任何的法律關係基礎存在，但只要雙方之間有指示及服從的事實存在，也可以成立占有輔助關係，例如流氓大哥喝令小弟手持重物罰站，此時當然只有流氓是該重物的占有人，小弟接受大哥喝令而持重物，只是占有輔助人。

「占有」是一事實，因此占有輔助關係中的指示關係，也僅是以事實上的存在為判斷，而不以法律上的指示關係存在為判斷。例如委任契約（民法第五二八條），雖然受任人有受委任人指示之義務（參照民法第五三五條），但是此種「遵從指示」是一種法律上的服從關係，是受任人基於委任契約中的地位，所負的服從指示義務。如果由一般社會觀點檢視在委任人及受任人之間，是否存在有事實上的服從指示關係時，即會發現在受任人和委任人之間，並不成立占有輔助關係❸，因為委任契約中的受任人，為能夠順利完成委任人所委託的事務處理，往往在「事實上」具有高度的事務處理決定權，而可以依個別情況機動決定事務處理的進行（參閱民法第五三六條的立法精神），基於如此欠缺「事實上」的指示關係存在，故委任契約無從成立占有輔助關係，典型例子如律師處理訴訟，明顯地具有高度的自由，可以自行決定工作時間、空間及範圍，而不受委任人的指示，當然在其和委任人之間，亦無從成立占有輔助關係❹。

②需客觀上之他主占有

占有輔助人必須是他主占有人，如果占有輔助人由他主占有改為自主

---

❷ 參閱王澤鑑，《民法物權㈡》，第 191 頁；史尚寬，《民法物權》，第 493 頁至第 494 頁。

❸ 參閱最高法院 95 年臺上字第 2250 號判決：「民法第五百二十八條規定，稱委任者，謂當事人約定，一方委託他方處理事務，他方允為處理之契約。因此，受任人基於委任關係對於物有管領之力者，為直接占有人，而非占有輔助人」。

❹ 參照 MünchKomm, §855 Rdn. 4.

占有，則占有輔助關係終止，這是因為一旦占有輔助人不再想為占有本人占有，意謂著占有本人也無法藉由上下隸屬、指示的關係，事實上支配該物，因而即失去其占有地位。但是也必須再次強調，占有輔助人的占有主觀心態的改變，必須在客觀上清楚表現出來，始足當之，否則僅是單純主觀上心態的變更，仍不能改變客觀上的占有輔助關係（參照民法第九四五條）。例如德國非常有名的「戲院帶位員」的案例中[45]，某帶位員在戲院中拾得觀眾遺失的鑽石戒指，該帶位員主張當時是要為自己而拾得（自主占有），但是如果客觀上該帶位員並無清楚事實可以顯現確實有如此的心態，例如立即將鑽戒含入口中，或是藏入鞋中，該帶位員僅是放進自己的衣服口袋中，仍無從被認定是自始是要「自主占有」，應認為鑽戒拾得占有人仍應為戲院老闆占有才是。如果該帶位員當時並無清楚客觀事實，足以認定是要「自主占有」，即使事後帶位員將該鑽戒帶回家中，仍不應影響當初拾得時，只是戲院老闆的占有輔助人而已[46]。最高法院六十四年臺抗字第二二〇號判決謂：「直接占有，依代理人或占有輔助人之行為而取得者，該代理人或占有輔助人固不成立另一占有關係，但代理人等之占有，非為本人或主人之意思而為占有時，要不因其與本人或主人間有代理關係或僱用等關係之存在，而使該本人或主人當然取得直接占有人之地位」，依該判決所言，雖然有僱用關係存在，但仍無法即依此認定受僱人是為本人而占有，該判決似乎是要求占有本人必須舉證證明受僱人的「他主占有」心態，如此見解明顯忽視受僱人執行職務時，客觀上即是「占有輔助人地位」，應據此認定當時受僱人即是為「他主占有」才是，例如受僱人其對持有的生產工具，當然只是為占有本人占有的「占有輔助人」而已。相反地，如果受僱人主張即使是在執行職務，但其對所持有之物卻是自主占有，在欠缺客觀上可以辨識的事實之下，自不應採納（參照民法第九四五條）。上述判決應有再檢討之必要[47]。

---

[45]　BGH 8, 130.

[46]　在 BGH 8, 130 的案子中，該帶位員是將遺失的鑽戒直接交給戲院老闆，由此事實更是毫無疑問地，可以確認帶位員的占有輔助地位。

③占有輔助關係之具體判斷

占有輔助關係以當事人間，有上下隸屬、指示關係存在為必要，但是實際上往往並不易判斷。例如七歲的限制行為能力人所有的零用錢，一般認為因其欠缺自然的認識能力，因此尚難謂該限制行為能力人有「自主占有」意思，故其對零用錢雖有事實上支配能力，但仍只是父母親的占有輔助人。至於更高年齡的限制行為能力人，是否仍只是父母親的占有輔助人，則必須就個別例子加以認定才是。而夫妻之間，基於兩性平等觀念的漸被接受，已再難謂兩人之間成立占有輔助關係，夫妻對於住家的占有關係，應認為是共同占有為當（民法第九六五條）**❹8**。因此如果 A 和其妻 B 及未成年子女 C、D 同住違章建築，土地所有權人如請求無權占有人返還土地（民法第七六七條前段），應以 A、B、C 及 D 為被告才是，而不應認為 B、C 及 D 是 A 的占有輔助人（事實認定問題）**❹9**。

④法人之代表人

具有獨立權利能力的法人，其代表人也不是法人的占有輔助人，因為根據現行通說（法人實在說），**法人代表和法人實為同一人格**，即法人代表的行為就是法人之行為（民法第二十七條第二項），**因此法人代表占有標的物，即是法人占有標的物**，法人和法人代表之間無適用占有輔助關係之餘地。必須注意的是，法人本身也可以是占有輔助人，例如 A 公司受僱於 B 公司，負責 B 公司的貨物運送，對於該貨物，A 公司即是 B 公司的占有輔助人。

---

❹7 對該判決之評釋參閱王澤鑑，《民法物權(二)》，第 193 頁至第 194 頁。

❹8 但就事實認定上，並不排除仍有傳統家庭，妻是受夫之指示而占有，是夫的占有輔助人。

❹9 但如果 A、B、C 及 D 已經搬出違章建築，土地所有權人此時主張「拆屋還地」除去妨害（民法第 767 條中段），則除了以違章建築的建築人為被告（所謂「行為侵害人」），對於其他雖非建築人，但事實上有能力除去該違章建築者（所謂「狀態侵害人」），亦可以為被告。對該問題，請參閱《(85) 法律座談會彙編》，1997 年 6 月，第 19 頁，及王澤鑑，《民法物權(二)》，第 192 頁。

⑤非法人團體

合夥組織並不具有法人資格，合夥人間的占有關係，本書認為，因為合夥契約欠缺必要的上下隸屬、指示關係，所以不成立占有輔助關係，因此合夥財產的占有人究竟是誰，應視真正的事實支配者決定。至於無權利能力社團，例如各大學的學生社團，社長和社員之間的委任契約，亦無上下隸屬、指示關係，當然也無從成立占有輔助關係。而實務上非常重要的公寓大廈管理條例的「管理委員會」是由公寓大廈全體住戶組成（參照公寓大廈管理條例第二十九條），並推選主任委員為管理委員會代表。惟管委會並非法人，當然無民法第二十七條的適用，而主任委員和全體住戶之間也無上下隸屬、指示關係，當然也不是全體住戶的占有輔助人，主任委員基於其和全體住戶的委任契約，應成立直接占有和間接占有關係才是。再者，根據公寓大廈管理條例第四十二條規定：「公寓大廈管理委員會、管理負責人或區分所有權人會議，得委任或僱傭領有中央主管機關核發之登記證或認可證之公寓大廈管理維護公司或管理服務人員執行管理維護事務」，因此如果是公寓大廈管理服務人員（警衛），於執行職務時拾得遺失物，則基於全體住戶和公寓大廈管理服務人員（警衛）的僱用關係，此時應認定該受僱人（警衛）是全體住戶的占有輔助人才是，所以真正遺失物的拾得人應屬全體住戶才是。但當管理服務人員（警衛）將該遺失物交由主任委員時，其和全體住戶的占有輔助關係亦告終止，此時主任委員成為該物的唯一占有人。

(3)類似占有輔助人

綜合以上所述，占有輔助人以①須事實上對物有管領力，及②須受占有本人指示而占有為成立要件，欠缺任何的要件，即無從成立占有輔助關係。因此如圖書館和圖書閱覽人之間，因為圖書閱覽人僅是一時的事實上支配力取得，依社會一般觀點，尚難構成對圖書的占有，況且圖書閱覽人和圖書館之間更無上下隸屬、指示關係，所以根本無從構成占有輔助關係。雖然如此，學說❺主張，此時不妨應賦予圖書閱覽人有占有輔助人地位，

---

❺ 參閱史尚寬，《民法物權》，第 493 頁。

使其能夠行使民法第九六〇條的自力救濟，以保障圖書館的占有利益。

再如嬰兒或是植物人被置於他人屋內，因為嬰兒及植物人不能成為占有人，因此也不能成為民法第七六七條訴訟上的被告。此時本書認為，嬰兒或是植物人，應是其法定代理人的「類似占有輔助人」，房屋所有人應只能將其法定代理人列為民法第七六七條的被告，而主張如果被告不將嬰兒或是植物人由所置屋內移出，即構成「無權占有」。原告所取得的勝訴判決，當然可以直接對被告的「類似占有輔助人」加以強制執行，原告因此所必須支出的安置費用，可以依強制執行法第一二七條向被告請求。

2.意　義

占有輔助人雖對物有事實上的支配能力，但是因其受命於他人而占有，因此根據一般社會觀點，不應將之認為是真正的占有人。相反地，指示、命令他人占有之人，才是物的真正占有人（參照民法第九四二條）。如此的占有輔助制度，在實際的法律生活上，甚具意義性：

⑴代理人和占有輔助人

①事實行為不得代理

首先，占有輔助制度可以使得本人透過代理人取得物之所有權。例如僱用人 A 因無法親自受領買賣標的物的所有權移轉，而命其受僱人 B 代為受領之。其間所有權移轉所須的讓與合意及交付行為，過程如下：B 為 A 的代理人，所有權移轉的意思表示可以由 B 代理為之而對 A 發生效力（民法第一〇三條），而 B 的占有標的物，卻不能因代理而對 A 發生效力，因為占有是事實行為，不能代理（初學者往往在此處發生錯誤！）。出賣人交付動產標的物給 A 之代理人 B 占有，而完成對 A 的交付，不是因為代理制度，而是因為 B 基於和 A 的基礎僱用關係，成為 A 的占有輔助人，因此出賣人交付買賣標的物給占有輔助人 B 占有，根據民法第九四二條，即是 A 的占有，而完成對 A 的占有交付義務，A 也因而直接取得物之所有權。

②主觀上瑕疵之歸屬

非常有爭議的是，占有輔助人於取得物的事實管領力時的主觀心態，

如有瑕疵時，是否會對占有本人發生影響？舉例言之：

案例①：

　　A 開設的電器行僱用 B 為店員，B 卻偷竊 A 的個人手錶，並伺機出售。善意之鐘錶行 C 得知出賣一事，遂以低價向 B 買受該錶，並約好明日交付。但因 C 外出，而由其惡意的受僱人 D 代為受領。兩年後，A 向 C 主張手錶返還（民法第九四九條），而 C 卻主張善意取得。

　　本案例中，所爭議的是，是否 D 在受領交付之時的惡意，必須歸屬於其僱用人 C？以致 C 無法主張善意取得，而必須返還手錶於 A？對此問題，見解異常分歧。一說[51]認為，應類推適用民法第一〇五條之規定，所以占有本人 C 必須承受占有輔助人 D 的惡意，因此 C 不能主張善意取得。另一說[52]則是認為，應類推適用民法第一八八條第一項之規定，只有在僱用人 C 對其受僱人的行為未盡到必要的監督上注意時，才必須承受 D 的惡意結果。

　　對此異常分歧的意見，比較值得注意的是，並無學說認為可以類推適用民法第二二四條，這是因為該條文的要件上必須以「**履行債務**」為前提，在本案例中，A、C 之間有無如此的「履行債務」關係，不無疑問。再者，民法第二二四條的類推適用，初看結果和類推適用民法第一〇五條，似乎一致，換言之，占有輔助人的善、惡意皆歸屬於占有本人承受。但是詳究之，民法第一〇五條尚有但書規定：「但代理人之代理權係以法律行為授與者，其意思表示，如依照本人所指示之意思而為時，其事實之有無，應就本人決之」，留有歸責（占有）本人的空間，以免（占有）本人利用代理人（占有輔助人）的善意，牟取不法利益。而民法第二二四條卻無如此但書規定，如加以類推適用，將使占有本人有規避法律，進而不法取得利益的空間，故為不宜。

　　民法第一八八條第一項但書的免責規定，如同民法第一〇五條一般，也具有避免占有本人利用占有輔助人牟取不法利益的機制，但是相較之下，

[51]　BGH 32, 53; Schwab/Prütting, Sachenrecht, S. 26 f.

[52]　BGH 16, 259.

本書仍是認為以民法第一〇五條的類推適用為宜，因為如果所有權移轉的意思表示瑕疵有無，應根據民法第一〇五條，以代理人主觀為斷，則實不見任何理由，何以同樣關係所有權移轉的物之交付行為的瑕疵與否，不應適用民法第一〇五條？因此，在本案例中，雖然手錶受讓人 C 是善意，但是其占有輔助人 D 在取得手錶占有（所有權移轉時）時為惡意，在類推適用民法第一〇五條之下，應認為 C 無法善意取得盜贓物。A 即使在兩年後向 C 主張所有物返還，是為有理。

　　同樣非常有爭議的是，如果占有輔助人是善意，但是占有本人卻是惡意時，此時占有本人可否主張占有輔助人的善意？通說❸認為，為避免占有本人利用占有輔助人善意，此時應否定占有本人的善意取得占有。惟本書以為，民法第一〇五條但書已經考慮了該情況，而將之限於：「但代理人之代理權係以法律行為授與者，其意思表示，如依照本人所指示之意思而為時，其事實之有無，應就本人決之」，換言之，在類推適用民法第一〇五條但書之下，如果占有輔助人的代為占有，並非受占有本人的特別指示而為時，則占有瑕疵有無，仍應以占有輔助人為斷，始較符合法律的價值判斷❹。

案例②：

　　上述案例①中，如果 B 即使在 A 的反對下，仍將店內所販賣的電視機，售予善意之 C。有無不同？

　　本案例中，有爭議的是，B 是 A 所販賣電視機的占有輔助人，在違反 A 的意思之下，B 將之售予善意之 C，並交付之，是否仍構成民法第九四九條的盜贓物讓與？若是，則即使 C 主張善意取得，A 仍得在兩年內向 C 主張電視機返還。而所謂盜贓物（或是遺失物）是指，凡是違反占有人意思而失去占有者❺。在占有輔助關係中，物之真正占有人乃是占有本人，

❸　參閱 Schwab/Prütting, Sachenrecht, S. 26.

❹　參閱謝在全，《民法物權論（下冊）》，第 540 頁；蘇永欽，《民法物權實例問題分析》，2001 年 1 月，第 330 頁。

❺　參閱謝在全，《民法物權論（下冊）》，第 578 頁。

而不是占有輔助人，因此如果占有輔助人不再服從占有本人的指示，擅自處分占有物，使得占有本人失去對物的事實管領力，即是違反占有人意思而使之失去占有，而當然構成盜贓物（或是遺失物）。所以 A 在兩年內向 C 主張電視機返還，是為有理。

⑵占有主人與占有輔助人的關係

根據民法第九四二條，只有下達占有指示之人，才是占有人，占有輔助人不是占有人，因此，只有占有本人始享有民法第九六〇、九六二條的占有保護，而且占有本人的占有保護，不但可以對第三人主張，也可以對占有輔助人主張❺⑥，例如占有輔助人違反占有本人之意思，拒絕返還占有物，此時占有本人可以對占有輔助人行使民法第九六〇、九六二條的權利。而如果占有本人對第三人主張民法第九六二條的占有返還，其訴之聲明可以主張將物之占有返還於本人，或是交付於占有輔助人，皆無不可。相反地，占有輔助人無得主張民法第九六二條的占有返還請求權，當然占有輔助人也不能成為民法第九六二條的被告，因此，如以占有輔助人為被告之訴訟，必須以當事人不適格而駁回。雖然占有輔助人不是占有人，無得享有民法第九六二條的占有保護，但是民法第九六一條卻特別規定，為保護真正占有本人之利益，占有輔助人也可以行使民法第九六〇條的自力救濟，自不待言。

四、以支配的強度區分

民法第九四〇條規定，凡是對物取得事實管領力者，為占有人。民法卻規定了一些占有人類型，雖然該等占有人對物並無事實上管領力，卻仍被民法當成占有人看待，其中最重要的例子，即屬民法第九四一條的間接占有人及民法第九四七條的占有繼承人。

1.直接占有、間接占有

⑴概　念

---

❺⑥　不同意見：參閱王澤鑑，《民法物權⑵》，第 194 頁。

　　民法第九四一條規定：「質權人、承租人、受寄人或基於其他類似之法律關係，對於他人之物為占有者，該他人為間接占有人」。條文中所列舉典型的承租人和出租人關係，承租人對於租賃物有事實上管領力，為民法第九四〇條的占有人，殆無疑義，而出租人如以民法第九四〇條定義觀之，即非是租賃物的占有人，但是民法第九四一條卻也將之列入占有人，稱之為「間接占有人」，而將對物有事實上的管領力的承租人，稱之為「直接占有人」。

　　民法第九四一條之所以將承租人、出質人及寄託人等當成間接占有人，而賦予其占有人地位，自有其理由：①基於社會經濟生活需要，往往該等人必須將物交出，而賦予他人（直接占有人）以占有地位，但是②該等直接占有人主觀上仍是基於為間接占有人負責之心態，進行占有（他主占有），③而基於內部關係，間接占有人又可以在未來將物之占有取回，回復其對物的直接支配力，因此雖然該間接占有人現時失去對物的管領力及占有，但民法第九四一條卻仍將之列入占有人，使其不因經濟生活需要，在交出占有物後，即失去占有地位及保護。基於如此立法理由，可以對直接、間接占有關係的成立，歸納出以下幾點，加以討論：

　　①關於占有之保護

　　直接占有人必須是他主占有人，這是因為基於內部關係，直接占有人將來必須將物之占有返還於間接占有人，因此如果間接占有人的主觀心態已變更為自主占有，換言之，直接占有人欲將物占為己有，而不願將物返還，當然間接占有人取回占有的希望不再，因此也失去其（間接）占有地位。但因往往間接占有人是基於某特定法律關係，出於自己之意思交出占有於直接占有人，因此縱使事後直接占有人改為自主占有，而使間接占有人失去占有地位，亦並非是民法第九六二條的「侵奪占有」，因此間接占有人無從對直接占有人主張民法第九六二條的占有保護[57]。間接占有人除了對直接占有人無從主張民法第九六二條的占有保護之外，其他凡是有關占有的保護請求權，亦不能主張，例如間接占有人也不能對直接占有人主張

---

[57]　最高法院 78 年臺上字第 326 號判決。

民法第一八四條第一項前段的侵害「占有權」❸的侵權行為損害賠償，這是因為間接占有人依民法第九四二條之規定，雖然也是占有人，但是相較於直接占有人對物的支配強度，實仍不及之，因此當然間接占有人也無從對直接占有人主張占有之保護。此時，**間接占有人只能對直接占有人主張占有保護以外之規定**，例如主張民法第七六七條的所有物返還請求權等等。相反地，因為直接占有人對物的支配強度高於間接占有人，當然可以對間接占有人主張占有保護，例如出租人未得同意，擅自由承租人處取回租賃物，承租人自可以對出租人主張民法第九六〇、九六二條。

②占有媒介關係

直接占有人的占有地位，必須是非永久性的，這是因為直接占有人將來必須根據彼此的內部關係，將物之占有返還於間接占有人之故。此種存在於直接占有人和間接占有人之間的內部關係，學說稱之為「占有媒介關係」。值得討論的是，何種內部關係，才能構成直接占有和間接占有的媒介關係：

(a)**買賣契約**

一般買賣契約，在買受人和出賣人之間，不會構成占有媒介關係。但是如果是動產擔保交易法第二十六條所謂的「**附條件買賣**」（**亦有稱之為所有權保留買賣**），對於買受人和出賣人即構成「占有媒介關係」，而使得買受人成為直接占有人，出賣人為間接占有人❹。因為在附條件買賣，買受人雖然取得物之（直接）占有，但是基於雙方所約定的條件，買受人必須在全部價金清償後，始能取得所有權，因此雖然買受人占有買賣標的物，仍不同於一般買賣契約，而只是他主占有人。如果買受人未能清償價金，則須負返還買賣標的物占有於出賣人。

有反對說❻認為，「附條件買賣」不能成立「占有媒介關係」，因為買受人往往是以「自主占有」心態，在占有買賣標的物。但本書認為，不同

---

❸　參閱本書第四章。

❹　參閱史尚寬，《民法物權》，第 485 頁至第 486 頁。

❻　王澤鑑，《民法物權(二)》，第 180，181 頁。

於一般買賣，「附條件買賣」的出賣人客觀上非常清楚的，是以保留所有權之情形下，交付買賣標的物給賣受人，買受人在受領買賣標的物時，亦清楚可知，自己尚未能取得所有權。因此，雙方當事人在「附條件買賣」，客觀上應是以他主占有心態，交付並受領買賣標的物。即使買受人在受領時或是事後，改以自主占有心態占有標的物，但卻無其他客觀事實足以使人辨識，其占有心態已經變更，則「附條件買賣」買受人也無從主張其為「自主占有人」（參閱民法第九四五條），而否定出賣人的間接占有地位。據此，本書贊同通說見解而認為，「附條件買賣」是可以構成「占有媒介關係」。

(b)他主占有的意思

直接占有人地位，必須是由間接占有人所賦予，始足當之，因此，小偷偷竊他人之物，所有權人雖然可以依民法第七六七、九六二條，甚或依不當得利規定（民法第一七九條），請求返還占有，但是在小偷和所有權人之間，卻無從成立「直接占有」及「間接占有」關係。這是因為占有人雖然負有返還占有於前手占有人之義務，但是如果其占有地位非是出自前手占有人所賦予，則由一般社會經濟觀點觀之，應認為所有權人已經完全失去占有地位，而並無承認其仍保有占有地位，而須特別加以保護之必要。再如遺失物拾得人雖然也必須根據相關規定，返還遺失物占有於所有權人，但是明顯地遺失物所有人已失去其對物之事實管領力，自無須承認其間接占有地位之必要，因此在遺失物拾得人和所有人之間，也無成立「直接占有」及「間接占有」關係的空間。

(c)預先的間接占有取得

如上所述，直接占有人的占有地位（不是占有本身），必須是由間接占有人所賦予，始能成立「直接占有」及「間接占有」關係。所謂「直接占有人地位，必須是由間接占有人所賦予」，指的是直接占有人的占有權利或是義務，是由間接占有人處所導出，例如承租人地位是基於和出租人的租賃契約而來，也正就是因為直接占有人地位是由間接占有人處所導出，因此間接占有人地位，由經濟觀點，自有繼續加以承認並保護之必要。須注意的是，該要件不能被誤解成為，直接占有人的占有本身，必須是由間接

占有人所事實交付，始能成立「直接占有」及「間接占有」關係，例如 A 委託律師 B 代為訴訟行為（民法第五二八條），律師 B 在處理委任事務所得之物，依民法第五四一條必須移轉於委任人 A。在律師尚未移轉交付所得之物予 A 時，兩人此時之間的占有關係，首先必須檢查是否是民法第九四二條的「占有輔助關係」❻₁？因為律師處理事務往往依據其專業性而有獨立處理的時間、空間及範圍的自由決定權，和委任人之間並不存在有上下隸屬、指示關係，故無成立「占有輔助關係」的可能。此時應認為律師依委任契約，預先已獲得委任人的同意，可以代為接受並占有因處理委任事務所得之物，之後再移轉給委任人，因此雖然受任律師尚未取得處理委任事務所得之物，但是在和委任人之間，早已成立民法第九四一條的「占有媒介關係」。在本例，該處理事務所得之物的占有，不是先由委任人交付至受任人，但不影響「占有媒介關係」的成立。

再如，A 向 B 購買汽車一部，因 A 已將汽車出借於 C，A 遂向 B 表示，直接將汽車交給 C 即可。當 C 由 B 處取得汽車占有，即在 A、C 之間成立「占有媒介關係」，縱使 A 從來沒有事實上管領過該汽車，而 C 的取得汽車占有本身，也不是直接由 A 處取得，但是 C 取得汽車的占有權利（租賃權），卻是早在之前即預先由 A 所賦予，因此 A、C 之間仍成立「占有媒介關係」。

最後，「占有媒介關係」內容上不能賦予直接占有人，有權終極保有占有。換言之，直接占有人的占有，不能是永久性質，直接占有人根據「占有媒介關係」，須負有交出對物的事實管領力之義務。因為如果間接占有人仍有權利，可以請求直接占有人交還占有，依社會一般觀點，間接占有人即仍有占有地位保護的正當性可言。但是直接占有人的交還占有義務，不以交還間接占有人為必要，如直接占有人所負的是將物交給第三人占有，

---

❻₁　占有本人是完全符合民法第 940 條的占有人定義，而間接占有人卻對物並無事實上的支配力，是民法第 941 條所特別規範承認的占有人，因此就占有人的地位的檢視，體系上自應首先檢查「占有輔助關係」，再就「直接、間接占有」為檢查才是。

則仍不妨礙「占有媒介關係」的成立，因為直接占有人仍是依和間接占有人之約定，交付占有於他人，例如 A 將貨物委由 B 運送（運送契約），雖 B 所負是將貨物交給第三人之義務，但是本例在 A、B 之間仍可以成立「占有媒介關係」。

占有人必須負返還占有義務，始有可能成立「占有媒介關係」，而該返還義務關係，不以民法第九四一條所宣示的如租賃、質權或是寄託等法律行為（契約）關係為必要，即使是法定的返還占有關係，也可以成立「占有媒介關係」。例如 A、B 之間的買賣契約無效，A 必須將所受領之標的物占有依不當得利規定（民法第一七九條），或是所有物返還請求權（民法第七六七條）返還於 B，兩者請求權關係，也足以使 A、B 成立直接、間接占有關係。再如 A、B 之間的租賃契約被終止，承租人必須依民法第四五五條，為租賃物返還時，即使此時租賃契約已經不存在，但是因為民法第四五五條的法定返還義務，使得承租人和出租人之間，仍具有直接、間接占有關係。

無因管理也可以成立「占有媒介關係」❷。例如 A 不在家，鄰居 B 代為繳納報費，並收下收據。B 取得收據的占有本身，雖然不是由 A 所賦予，但是 B 的占有收據的權源，卻是根據民法第一七三條及第五四一條而來，即在有利於本人並不違反本人明示或可推知之意思情況下（正當無因管理），法律認定本人同意管理人可以代為占有管理所得（預先的間接占有取得），而在事後向管理人請求交付之。相反地，如果管理事務不利於本人，或是違反本人明示或可推知之意思下（不正當無因管理），法律認定本人無欲取得管理所得，管理人不能代本人占有管理所得，因此在不正當無因管理，本人和管理人之間不成立「占有媒介關係」。

(2)意義

間接占有人雖然對物並無事實管領力，而民法第九四二條仍將之視為占有人，自有法律生活事實上的需要性。間接占有的法律生活需要性，可

---

❷ 參閱謝在全，《民法物權論（下冊）》，第 534 頁；史尚寬，《民法物權》，第 486 頁。

以就以下數點加以觀察:

①義務之履行

在物之買賣中,出賣人根據民法第三四八條第一項,負有移轉物之所有權並交付占有於買受人之義務。而根據民法第九四〇條,占有指對物有事實管領力者,因此出賣人必須將物交由買受人事實管領力之下,始完成其民法第三四八條第一項之義務。出賣人如直接將物交由買受人的占有輔助人占有,即生清償法律效果,但如果出賣人在未得買受人的同意下,將買賣標的物交由他人直接占有,而僅使買受人取得間接占有人地位,則買受人仍未取得對物的事實管領力,因此出賣人並不能主張已經發生清償法律效果。間接占有在今日的經濟生活,就所有權的移轉上仍占有相當的重要性,例如 A 欲將汽車交付讓與 B,但卻又需使用一段期間,A 便可以和 B 訂立一個適當的「占有媒介關係」(租賃或是使用借貸),使 A 繼續(直接)占有汽車,而 B 取得間接占有地位,即可以代替現實交付(民法第七六一條第二項),完成汽車所有權移轉。民法第七六一條第二項「讓與動產物權,而讓與人仍繼續占有動產者,讓與人與受讓人間,得訂立契約,使受讓人因此取得間接占有,以代交付」,清楚規定,間接占有的取得,也是動產所有權移轉的方式之一。

②間接占有人之保護

間接占有人依民法第九四一條,也是占有人,當然享有民法第九六二條之占有保護,例如小偷偷走承租人所承租的汽車,則不但是承租人 A,出租人 B 也可以主張民法第九六二條的「(間接)占有」受侵奪。只是當間接占有人 B 主張回復占有時,只能請求小偷必須將汽車交還 A,使 B 自己回復間接占有地位,而不能要求小偷必須將汽車直接交還 B 占有。

有爭議的是,間接占有人能否主張民法第九六〇條的「自力救濟」? 有認為間接占有人也是占有人,因此也有民法第九六〇條的自力救濟權利[63],另有認為[64],因自力救濟權利是在確保現有之事實管領力,因此間接占有

---

[63] 參閱史尚寬,《民法物權》,第 540 頁至第 541 頁。

[64] 參閱謝在全,《民法物權論(下冊)》,第 535 頁。

人無得主張。本書採否定說，蓋不同於民法第九六二條的占有保護，民法第九六〇條的自力救濟，畢竟是司法救濟原則的例外，對於其適用應採嚴格解釋為宜，因此以限於對物有事實管領力之直接占有人始能主張，似乎較為可採。

(3)間接占有地位的結束

因為間接占有人地位不可能優於直接占有人，因此間接占有地位的喪失，取決於直接占有人的地位是否喪失，例如直接占有人如果因遺失占有物，或是占有物被盜，因而失去對物的事實上支配力及占有，則當然間接占有人也失去間接占有地位。此外，當直接占有人不再以為間接占有人負責的心態，占有占有物時，即由他主占有心態改為自主占有心態，則間接占有人當然也失去間接占有地位。最後，如果雙方當事人的「占有媒介關係」結束，而沒有其他返還關係存在（例如解除或是不當得利），則間接占有人因為完全喪失取回占有的可能，而失去間接占有地位，例如 A、B 兩人成立附條件買賣，約定當價金全部給付完畢後，B 才取得所有權。只要 B 價金尚未完全清償完畢，雖然 B 直接占有買賣標的物，但是 A 出賣人仍是物之間接占有人。可是一旦 B 將價金全部清償完畢，完全取得所有權，則 A 再無可能取回買賣標的物之占有之可能，而完全喪失其間接占有地位。

2.繼承占有

「間接占有」是民法所規範的對物無事實管領力的占有類型。除此之外，民法上尚規範有「繼承占有」（參照民法第九四七條），也是一種對物無事實管領力的占有類型：當被繼承人死亡，繼承人根據民法第一一四八條，法定當然 (ipso iure) 承受所有被繼承人的財產上權利，而(直接及間接)占有雖非權利，但是民法第九四七條卻也認為可以成為繼承的標的。因此，即使繼承人在繼承發生時，事實上未占有繼承標的物，但是民法仍使其成為該物的占有人，至於繼承人所取得的是直接或是間接占有，端視被繼承人所遺留的是直接或是間接占有地位。因為占有只是一種事實，而非權利，

所以只要是被繼承人往生時所占有之物，該占有都可以成為繼承之標的，至於該被繼承人所占有之物，所有權屬誰，則對繼承占有而言，在所不問。

民法承認繼承占有的意義，除了在時效取得上，繼承人可以主張合併被繼承人之時效，一併計算之外（參照民法第九四七條），繼承占有人雖然對物無事實上管領力，但民法仍給予其應有的占有保護請求：民法第九六〇、九六二條。可以想像，如果民法不承認繼承占有，則當遺產遭第三人不法侵奪時，繼承人只能依所有權人地位請求（侵權行為或是所有物返還請求權），而證明繼承人因繼承成為遺產所有權人，在訴訟上往往曠日費時。此時，繼承占有人可以便宜主張民法第九六二條的占有保護，實具意義性。

繼承占有人雖然是占有人，但畢竟對物並無事實管領力，因此如果第三人違反繼承占有人意思，擅自取走繼承標的物，尚難構成刑法第三二〇條的竊盜罪[65]。有爭議的是，此時是否構成民法第九四九條的「盜贓物」？依學說[66]見解認為，繼承占有人即是遺產占有人，第三人擅自取走繼承標的物，自是違反繼承人意思侵奪占有，構成盜贓物。但是在拋棄繼承的情況（民法第一一七四條第一項），又非常特別，例如 A 拋棄繼承，並將所占有的遺產出賣於善意第三人，因為本例並非是盜贓物的善意取得，所以因拋棄繼承而應為繼承之 B（民法第一一七六條），即使在兩年內，也不能向善意第三人請求返還。蓋 B 因 A 的拋棄繼承溯及既往（民法第一一七五條），而自始繼承占有，成為遺產的占有人，但是畢竟 B 的繼承占有，對遺產並無事實管領力，而純粹是法律所擬制的占有。另一方面，遺產自始都在拋棄繼承人 A 的事實管領力下，就 A、B 兩人的占有關係的比較上，實是 A 強過 B，因此真正對物有事實管領力的拋棄繼承人 A 無權處分遺產，難謂對根本無管領力的 B 而言，構成盜贓物的處分[67]。

---

[65]　參閱 Wessels, Strafrecht, Besonderer Teil–2, 14. Aufl., S. 21.

[66]　參閱 Jauernig, §857 Anm. 3 d.

[67]　參閱 Leipold, Erbrecht, 8. Aufl., Rdn. 453.

參　例題演練

例題 1 ▼

　　A 之父親死後，A 遂將其父所收藏的數百幅畫作公開展覽，某日 B 向 A 表示其中一幅名畫為其寄託於其父，欲向 A 請求返還，A 說不記得其父的收藏中有此一畫作，但之後果真發現有此畫時，A 則主張時效取得該畫，B 得否以 A 自始都不知有該畫之存在為一抗辯？

提示

　　時效取得之主張須以占有作為其前提，因此本案中 A 欲向 B 主張時效取得，必先以其對系爭畫作為一占有為其前提，而關於占有之成立，應提具有客觀上要素、主觀上要素與時間上要素。所謂客觀要素，係指必須是在客觀上對物有事實上之管領力。所謂主觀要素，通說認為占有人主觀上有對物的支配意思為必要，且該意思支配，只要占有人有自然的認識能力即為已足，且不須具體地對個別標的物而存在，以概括的意思即可。所謂時間要素，係指須有時間上之持續性，一時的事實上的支配，仍未取得占有，但管領力一時之喪失，亦不喪失占有。本例中，A 雖不甚清楚知悉該畫作之存在，但對於其父所收藏的畫作有概括所有的意思，仍構成占有，因此在符合時效取得之其他要件時仍可主張時效取得。

例題 2 ▼

　　A 自其父繼承果園一塊，之後於其中的四分之一建造農舍。設若該筆土地另屬他人時，A 得否以其父親已善意占有該筆土地七年，自己亦善意占有三年而主張就該筆土地果園之部分已時效取得農用權，農舍之部分已時效取得地上權？

提 示

占有之取得方式，可分為「原始取得」與「繼受取得」。其區分實益，乃在於是否有民法第九四七條第一項占有合併之適用。本案中就果園之部分，A 自其父繼受取得農用權的準占有，因此 A 得主張時效取得農用權；但就農舍的部分因係 A 自行建造，而非自其父繼受，屬原始取得地上權的準占有，應不可主張第九四七條時效的合併計算。

例 題 3 ▼

A 將其所有的公寓交由仲介人員 B 代為出租，並將鑰匙交由 B，之後 B 將該公寓出租大學生 CDE 三人。屋內的格局為三房二廳的公寓，並附有一個須三個人各自的鑰匙才打得開的保險箱。則當事人間對於該公寓之占有類型為何？

提 示

對於此問題，應提及依區分標準之不同，可有不同之分類，其標準包括：占有人之主觀意思（自主占有、他主占有）、占有之人數（共同占有──分別占有、公同占有；部分占有）、社會之觀點（本人占有、占有輔助人）、支配之強度（直接占有、間接占有）。最後再分別就其定義予以陳述。

因此，A 與 B 之間：A 為本人占有，B 為占有輔助人。A 與 CDE 之間：A 為間接占有、自主占有人，CDE 為直接占有、他主占有人。CDE 之間：客廳及廚房因為 CDE 三個人皆可各別獨自使用，因此屬分別占有；房間因只有 CDE 自己可獨立使用，因此屬部分占有；保險箱，CDE 三人皆無法各自獨立使用，則屬公同占有。

例 題 4 ▼

A 委任 B 向 C 購買一個古董，和 A 授予其受僱人 B 代理權向 C 購買一個古董。試問在 B 將古董交給 A 前，古董之所有權屬於何人？

提 示

此二例子之差別，在於前者 B 僅是受任人，後者 B 則具有代理人及占有輔助人之地位。因此前者在 B 按民法第五四一條將古董之所有權讓與 A 前，所有權人為 B；反之，後者因 B 以占有輔助人之身分受讓古董之占有，因此縱未交給 A 前，A 亦已是古董之所有人。

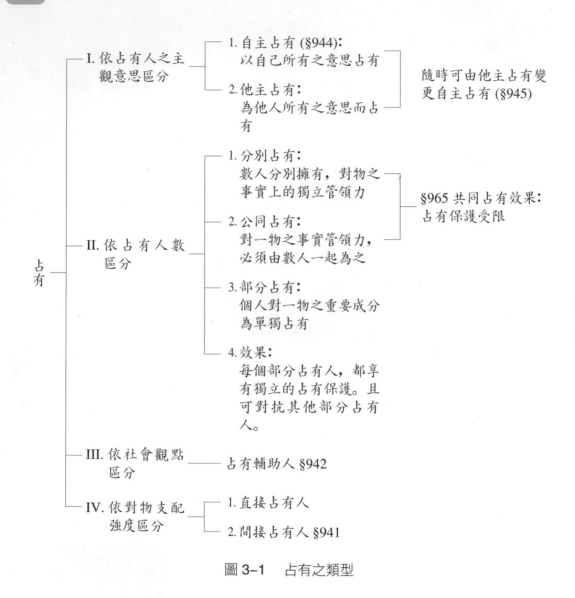

占有

I. 依占有人之主觀意思區分
　1. 自主占有 (§944)：
　　以自己所有之意思占有
　2. 他主占有：
　　為他人所有之意思而占有

　　隨時可由他主占有變更自主占有 (§945)

II. 依占有人數區分
　1. 分別占有：
　　數人分別擁有，對物之事實上的獨立管領力
　2. 公同占有：
　　對一物之事實管領力，必須由數人一起為之

　　§965 共同占有效果：占有保護受限

　3. 部分占有：
　　個人對一物之重要成分為單獨占有
　4. 效果：
　　每個部分占有人，都享有獨立的占有保護。且可對抗其他部分占有人。

III. 依社會觀點區分
　　占有輔助人 §942

IV. 依對物支配強度區分
　1. 直接占有人
　2. 間接占有人 §941

圖 3-1　占有之類型

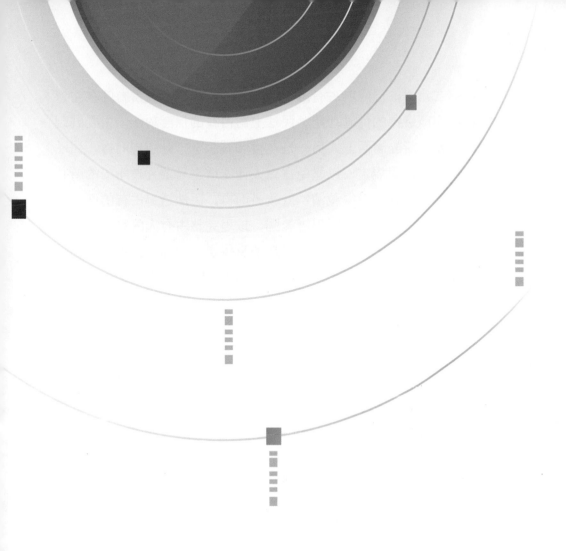

4 | 占有的保護

在本書第二章中，已經對占有的存在意義做過說明，而占有的存在意義，當首推占有所發揮的保護功能。民法上對占有的保護功能，主要展現在兩方面，一是在訴訟層面上，另一是在實體層面上。就前者而言，民法透過對占有保護的相關規定，以避免占有人僅能透過需要冗長訴訟的所有權保護規定，而可以立即獲得救濟；就後者而言，民法透過占有的取得，進一步強化並擴大占有人的實體保護範圍，以更完整占有人的實體權利保障。如此的訴訟及實體層面的占有保護功能及規定，散佈於民法各章節，以下遂就民法上重要的占有保護規定，一一加以說明，並討論之。

壹 訴訟層面

當占有人的占有被侵奪，其可以主張的請求權基礎，主要有侵權行為（民法第一八四條）、不當得利（民法第一七九條）及所有物返還請求權（民法第七六七條）。而該等條文都是以請求權人有權利上的受侵害為必要，就訴訟層面觀之，證明權利的存在，勢必曠日費時，就今日經濟生活而言，實是緩不濟急。因此重要的快速救濟權利人的請求權基礎，即屬主張民法第九六〇及九六二條的「占有保護」。

一、民法第九六〇條──自力救濟

民法第九六〇條規定：「占有人，對於侵奪或妨害其占有之行為，得以己力防禦之。占有物被侵奪者，如係不動產，占有人得於侵奪後，即時排除加害人而取回之；如係動產，占有人得就地或追蹤向加害人取回之」，該條文具體給與占有人有正當防衛之權利，是民法第一四九及一五〇條的特別規定。

1.第一項

⑴成　立
① 侵奪行為

　　占有人主張占有保護的前提，必須是其占有受到第三人的侵奪。而所謂侵奪行為是指，違反占有人之意思，以積極之不法行為將占有物之全部或是一部，移入自己之管領而言❻❽，例如竊盜或是搶奪，甚至將汽車停在他人土地亦是侵奪占有。準此以言，無爭議的是，如果承租人或是借用人，於租賃或是借貸期間屆滿後，不將租賃物或借用物返還者，因租賃物或借用物原係基於占有人（出租人或貸與人）之意思而移轉占有於承租人或借用人使用，其後承租人或借用人縱有違反占有人意思而拒絕交付返還之情形，亦非是侵奪行為❻❾。有問題的是，如果是遺失或是因詐欺而將物交付於他人，是否仍是侵奪行為？而脅迫又如何？

　　要理解民法第九六〇及九六二條的侵奪意義，以及何以學說對侵奪會下如此的定義，就必須先理解占有保護的意義。占有保護的功能理論，素有「意志保護說」及「社會秩序保護說」兩種理論❼〇。不論是何種理論，占有人主張第三人侵奪占有的保護，其前提都必須是第三人以積極行為，違反占有人意思，剝奪占有人的占有狀態為必要。該要件就占有「意志保護說」而言，其理甚明，就「社會秩序保護說」而言，如果占有人是出於自己意思交付占有者，則該占有的移轉尚屬以和平方式移轉，就社會秩序維護而言，並無被破壞之虞。反之，如果占有人的占有非出自其意思而移轉，而是被強制取走、破壞者，占有事實的安定性即被破壞，為法所不許。因此，對於民法第九六〇及九六二條的侵奪意義，學說強調必須是以「違反占有人之意思，將占有移入自己的管領中」，誠為中肯，因此如果是承租人在租賃期限屆滿後，拒絕返還租賃物於出租人，或是將租賃物再出租於他人❼❶，都不是侵奪他人占有，而不在民法第九六〇及九六二條的適用範

---

❻❽　參閱謝在全，《民法物權論（下冊）》，第 642 頁；王澤鑑，《民法物權㈡》，第 346 頁。

❻❾　參閱謝在全，《民法物權論（下冊）》，第 651 頁；王澤鑑，《民法物權㈡》，第 347 頁至第 348 頁。

❼〇　參閱本書第一章。

❼❶　最高法院 43 年臺上字第 176 號判例卻認為，承租人再為出租，構成對出租人的侵奪占有，該見解應有再檢討必要。對該判例之評述參閱王澤鑑，《法令月

圍內。

　　準此以言，如果占有人是基於錯誤的法律行為交出占有物，當然也不是他人侵奪占有，無民法第九六〇及九六二條的適用。至於遺失的情況，雖然是違反占有人意思而失去占有，但是拾得人卻欠缺有積極不法的行為，因此不論是就「意志保護理論」或是「社會秩序保護理論」而言，遺失人不得對拾得人主張占有保護請求。非常有爭議的是，如果占有人是因為受他人脅迫而交出占有，可否對他人主張占有保護？問題關鍵點仍是，是否「脅迫」行為，構成侵奪占有？對此，最高法院八十九年臺上字第一三七七號判決否定脅迫構成侵奪占有❼❷，本書則肯定脅迫構成侵奪行為，因為基於心裡的懼怕而交出占有，已明顯違反占有人的「意志保護」，況且以言語恐嚇他人，如同以身體的物理力強加於他人一般，本質上都是暴力行為，當然也會嚴重破壞「社會秩序」的安定性。相反地，如果占有人是因被詐欺而交出占有，則非屬侵奪行為，因為不同於恐嚇，詐欺本身不具有暴力性質，被詐欺人是經由自己意志，交出占有，明顯無社會秩序安定性的破壞可言。總之，不論就「意志保護」理論，或是「社會秩序保護」理論觀之，本書認為，脅迫行為構成侵奪行為，但是詐欺並不會構成侵奪行為。

　　「侵奪」者，以違反占有人的意思而剝奪其占有為必要，因此如果搶奪占有輔助人手上之物，對真正的占有本人而言，當然構成侵奪，占有本人可以即時主張自力救濟。而占有輔助人雖然不是占有人，但是基於保護占有本人利益，民法第九六一條規定，占有輔助人也可以行使自力救濟，自不待言。至於間接占有人能否主張民法第九六〇條的自力救濟，學說意見非常有爭議，本書採肯定說❼❸。

　　②妨害占有

刊》，第 45 卷第 5 期，第 59 頁。而最高法院在其 82 年臺上字第 2276 號判決中，已變更見解，應予贊同。

❼❷　參閱謝在全，《民法物權論（下冊）》，第 650 頁；王澤鑑，《民法物權(二)》，第 347 頁。

❼❸　參閱本書第三章。

當第三人妨害占有人的占有時，占有人也可以主張自力救濟。所謂「妨害占有」是指，以侵奪以外之方法，使占有人不能實現事實上管領力者❼，例如任意在他人土地上丟棄垃圾，或是鄰居發出噪音、震動等等，而使房子占有人難以居住。只是此種妨害占有的情況，當占有人進行自力救濟時，仍不能超越防禦手段的必要性要求，例如以自己力量搬走垃圾，自是符合必要性而為許可，但是如以自己力量強制驅離發出噪音、震動的鄰居，或是以強制力不讓鄰居進入屋內，都將會造成重大的社會安定秩序破壞，應已超出必要性要求，而為法所不許。此種情形，占有人所能主張者，應是以民法第九六二條的占有保護請求為宜。

⑵效　果

民法第一四九條的正當防衛以「現時侵害」為必要，民法第九六○條原文卻無該要件，但如由該條文的「防禦」二字，自可以理解，「防禦」的實行，自當也須以現時侵害占有為必要。除此之外，民法第一四九條但書的「但已逾越必要程度者，仍應負相當賠償之責」，對於占有人主張自力救濟，自亦有適用。換言之，如果占有人已經超越防禦所必要的手段，仍是不法行為，必須依侵權行為規定，負損害賠償責任。

2.第二項

對於現時的不法侵奪占有行為，占有人除可以依民法第九六○條第一項主張防禦行為外，民法第九六○條第二項，更針對不動產及動產的占有受侵奪，給予占有人特別的自力取回權利。民法第九六○條第二項占有人的自力救濟，是民法第一五一條「自助行為」的特別規定，而其要件明顯有別於民法第一五一條，占有人主張民法第九六○條第二項的自力救濟時，應注意：

⑴不動產

占有人對於現時的侵奪不動產行為，依民法第九六○條第二項前段規定，占有人得於侵奪後，即時排除加害人而取回之。而不同於民法第一五

---

❼　參閱王澤鑑，《民法物權㈡》，第 363 頁。

一條的自力救濟，占有侵奪的自力救濟，不以「不及受法院或其他有關機關援助，並非於其時為之，則請求權不得實行或其實行顯有困難者為限」為必要。例如 A 無權在他人土地上建築房屋，雖然 B 明顯可以主張民法第九六二條，即得以回復其占有，但是民法第九六〇條卻同意 B 可以直接以自力方式，在適當、必要範圍內，拆除房屋。但民法第九六〇條也有相較民法第一五一條不利之處，即民法第九六〇條第二項，限於該自力取回占有行為必須是在侵奪行為發生後，「即時」為之始可。而「即時」要件的要求，應以一般社會觀點判斷，因此即使察覺侵奪已經有一段時間，而在此期間和侵奪人談判協調，不成之後才採取自力救濟，仍應是符合「即時」。但如果是在建築完成後（通常需時一年半載以上），則因侵奪時間已完成過久，占有人當然失去自力救濟權利。

(2)動　產

如所被侵奪者是動產，民法第九六〇條第二項後段規定，占有人得就地或追蹤向加害人取回之。而民法第九六〇條第二項後段，對於自力取回動產占有的時點要求是「就地或追蹤取回」，該具體時點要求，比自力取回不動產占有的抽象時點「即時」，明顯更加嚴格，限於必須是在侵奪行為完成後，占有人立刻發現並加以為之 **⑦⑤**，任何理由的拖延，例如談判協調三天不成後，始主張自力救濟，都是法所不許。例如侵奪行為已經完成許久，即使占有人在路上偶然發現侵奪人，並加以追蹤至其住家，此時占有人也不能主張民法第九六〇條第二項而自力取回占有物，占有人只能主張民法第一五一條的自力救濟。民法第一五一條原文謂：「為保護自己權利，對於他人之自由或財產施以拘束、押收或毀損者，不負損害賠償之責。但以不及受法院或其他有關機關援助，並非於其時為之，則請求權不得實行或其實行顯有困難者為限」，似乎不包括占有人可以以自力方式，取回「自己」的占有物。但是如考量民法第一五一條的立法理由，如果占有人當下不進行自力取回占有，則日後取回占有，將異常困難時，本書認為，自也應同

---

⑦⑤ 德國地方法院曾判決認為，在發現被盜後 30 分鐘內，仍屬「立刻」，參閱 OLG Schleswig, SchlHA 1987, 12.

意占有人可以主張類推適用民法第一五一條的自助行為才是。因此，如果在路上發現一個月前被偷的腳踏車，此時占有人已經無法主張民法第九六〇條第二項，而不得自力取回腳踏車的占有，占有人只能主張民法第一五一條，但必須立即通知有關機關（警察）協助後，始能自力取回腳踏車的占有。如果占有人在未通知有關機關協助下，即以自力取回腳踏車的占有，對於因此所發生的損害，例如剪斷他人的腳踏車鎖，則其行為仍為不法，須負損害賠償責任。

二、民法第九六二條──占有人的物上請求權

當占有被侵奪或受妨害，占有人可以行使自力救濟，占有人也可以藉由公權力，請求司法救濟，民法第九六二條即規定：「占有人，其占有被侵奪者，得請求返還其占有物；占有被妨害者，得請求除去其妨害；占有有被妨害之虞者，得請求防止其妨害」。該條文所賦予占有人的救濟請求權，共有三種類型：占有受侵奪、占有受妨害及占有受妨害之虞。

1.占有受侵奪

民法第九六二條的構成要件，及因此所產生的法律問題，基本上是和民法第九六〇條一致。所謂「侵奪」是指違反占有人之意思，以積極之不法行為將占有物之全部或是一部，移入自己之管領而言，因此，依本書意見，脅迫可以構成侵奪占有，而詐欺卻不是侵奪占有。再者，侵奪行為的成立，也不以故意、過失為要件，因此，即使是無行為能力人也會構成侵奪行為。此外，占有輔助人因為不是占有人，所以不能主張民法第九六二條，而間接占有人可以對第三人主張間接占有受侵奪，但不能對直接占有人主張間接占有受侵奪❼⑥。

只是，直接占有人和間接占有人都是占有人（參照民法第九四一條），則「侵奪」的有無，應以何人的主觀為主？學說❼⑦一致認為，應以直接占

---

❼⑥ 參閱本書第三章。

❼⑦ 參閱謝在全，《民法物權論（下冊）》，第 651 頁；王澤鑑，《民法物權㈡》，第

有人為準，自為有理。因為對物有事實管領力者，僅直接占有人一人，間接占有人是對物無事實管領力的占有人，況且直接占有人的占有地位強於間接占有人，如果對直接占有人不成立侵奪占有，當然對間接占有人更無成立侵奪占有之餘地。因此，例如第三人受命於出租人，強制由承租人處取回租賃物，雖符合間接占有人意思，但是當然構成侵奪承租人的直接占有。反之，如果承租人未得出租人之同意，擅自處分租賃物於善意第三人，致使出租人失去其間接占有地位，則出租人並無得主張侵奪間接占有 **❼⑧**。

對於侵奪間接占有在實務上所討論的案例有：

① A 向 B 購得違章建築一棟，並完成占有移轉。其後因 A 必須外出，遂將違章建築借給 B 使用。B 未得 A 之同意，擅自將該違章建築出賣並交付於 C。A 返回得知，自行購買大鎖，鎖住大門，使得 C 無法進出 **❼⑨**。

② A 向 B 承租耕地耕作。其後 B 向 A 請託，借回該耕地之一部分自行耕作。但 B 卻未得 A 之同意，將所借回之耕地，出租於 C **❽⓪**。A 自行強力取回耕地占有。

　　上述兩案例，A（貸與人）是間接占有人，而 B（借用人）是直接占有人。直接占有人 B 在未得間接占有人 A 同意之下，移轉占有於 C，並使 A 因而失去間接占有地位。但是 C 的取得占有，對直接占有人 B 而言都不是「侵奪行為」，因此對間接占有人 A 亦更無從構成「侵奪行為」之可言。所以上述兩個案例中，A 都無從行使民法第九六〇條的自力救濟。相反地，C 可以對 A 主張民法第九六〇、九六二條的占有保護 **❽①**。

　　除此之外，對於侵奪占有應注意的法律問題尚有：

(1)對第三人占有返還請求

　　①以第三人是否善意為準

---

372 頁。

❼⑧　此時出租人只能主張民法第 184 條第 1 項前段的侵權行為損害賠償。

❼⑨　參閱 (81) 廳民一字第 18571 號函覆臺高院。

❽⓪　參閱最高法院 43 年臺上字第 176 號判例。

❽①　對該二案例的詳細評釋，參閱王澤鑑，《民法物權(二)》，第 373 頁至第 378 頁。

　　占有人能否對侵奪行為以外的第三人主張民法第九六二條? 例如 A 的汽車被 B 所竊，B 將之出租於 C。A 本欲向 C 主張民法第九六二條，但依條文規定，C 對 A 並沒有侵奪行為，似乎不應成立。對此問題，通說[82]認為，應以 C 是否善意知道 B 是經由侵奪行為而取得占有，為判斷標準，而占有繼受人明知前手的占有瑕疵時，始必須承受其瑕疵，負返還占有責任。而少數說[83]則認為，該問題應適用民法第八〇一、九四八條，取決於 C 究竟有無善意取得所有權為判斷，如占有的繼受人非以所有權移轉而繼受占有者，如承租人或是借用人等，即不合於民法第八〇一、九四八條之規定，被侵奪之占有人，仍可對之主張占有物的返還請求權。

　　對此問題，本書亦採通說見解。民法第九六二條所保護者是占有的「事實」，而非保護占有的「權利」，因此即使是承租人在租賃關係終止後，拒絕交還租賃物，出租人亦不得以己力將租賃物取回占有，是否出租人有權取回租賃物並占有之，在所不問，承租人都可以對自力救濟的出租人主張民法第九六二條。如同不考慮占有侵奪人有無權利占有標的物，同樣地，民法第九六二條也不應考慮占有的繼受人有無權利占有標的物，因此，占有的繼受人能不能根據民法第八〇一、九四八條，善意取得所有權或是其他占有權利，自非所問。民法第九六二條所保護者是占有的不受侵奪，只要占有人占有受侵奪，即受民法的占有保護，對於侵奪行為以外的第三人善意占有的保護，兩者所發生的法律上的價值判斷衝突，取捨的決定點，正確言之，應在於是否該第三人有明知該侵奪占有行為? 若有，則該第三人占有即無保護之必要，若無，該第三人的善意占有即有受保護必要[84]。

---

[82]　參閱王澤鑑，《民法物權㈡》，第 350 頁；史尚寬，《民法物權》，第 532 頁；鄭玉波著／黃宗樂修訂，《民法物權》，第 443 頁。

[83]　參閱謝在全，《民法物權論（下冊）》，第 651 頁至第 652 頁；姚瑞光，《民法物權論》，第 422 頁至第 423 頁。

[84]　民法第 962 條對侵奪行為以外第三人所發生的效力，不僅限於必須是占有的受讓人或是繼承人（民法第 947 條），也應包括占有的原始取得人。例如 A 之占有物被 B 所盜，而 C 又由 B 處盜走。只要 C 明知 B 的占有是經由侵奪 A 的占有而來，則 A 也能向 C 主張民法第 962 條，請求返還占有。

至於其他之點，例如該第三人是否基於有效的租賃契約，而成為有權占有？或是該第三人是否知道前手是無權占有（請和「知道前手是經由侵奪行為取得占有」清楚區分），都不是占有事實保護所要考慮的問題。

②請求之方式

在上述的例子中，如果 A 的占有遭受 B 的侵奪，而 B 又將之出租給善意之 C，則 A 無從對 C 主張民法第九六二條。而 A 雖然可以對 C 主張民法第七六七條，但因該訴訟往往曠日廢時而作罷。在此情況下，因為 B 仍是間接占有人，所以可以考慮的仍是由 A 向 B 主張民法第九六二條的占有返還請求權。而在訴訟上，A 有兩種方式可以主張：一是直接請求 B 返還占有物，換言之，B 必須使 A 回復直接占有地位，始完成其返還義務，例如想辦法由 C 處取回租賃物，再交還給 A；二是 A 請求 B 讓與其對 C 的占有返還請求權（民法第四五五條），使 A 取得對 C 的間接占有地位（民法第九四六、七六一條第三項），待租賃契約到期，再向 C 取回占有。第一種請求返還方式固然簡單，但是否 B 願意配合向 C 取回占有，則尚在未定之數。相較之下，雖然第二種請求返還方式僅是使 A 取得間接占有地位而已，但是其優點在於無須有 B 的配合取回占有行為，即可以完成占有的返還。

③既判力之擴張

最後，如果占有侵奪人是在占有人已經提起訴訟後，才將其占有移轉給（惡意）第三人，根據民事訴訟法第二五四條第一項及四〇一條第一項，該訴訟對於占有侵奪人仍然繼續，如侵奪人被判決敗訴，該確定判決對於（惡意）占有受讓人，亦生效力 **❽❺**。

⑵占有本權抗辯

占有人的占有如遭受侵奪，可依民法第九六二條請求返還占有，而該請求權的成立要件，對於侵奪人有無「權利占有」，並不加以考量。這是因為占有的保護，純粹是一種事實的保護，而非權利的保護，因此即使是有

---

❽❺ 參閱王甲乙、楊建華、鄭健才合著，《民事訴訟法新論》，2003 年 8 月，第 561 頁至第 562 頁；姚瑞光，《民事訴訟法論》，1989 年 3 月，第 453 頁至第 454 頁；陳計男，《民事訴訟法論（下）》，2005 年 4 月，第 79 頁。

權占有之人，例如出租人，亦不得行使私力救濟，在未得承租人同意，自行由承租人處取回占有。如有此種情況，承租人自可以對出租人主張民法第九六二條，請求返還租賃物占有。

非常弔詭的是，當出租人私自取回租賃物，一方面出租人依民法第九六二條會被判決敗訴，而將租賃物交還承租人占有後，另一方面出租人卻仍可以另提訴訟，透過民法第四四五條請求承租人返還租賃物占有。如此結果，既是違反訴訟經濟原則，也違反誠實信用原則中的 "dolo agit qui petit quod statim redditurus est"（須立刻再返還之利益，不得請求❽⑥）。雖然如此，民法第九六二條原文，仍清楚不考慮占有侵奪人的「占有本權」抗辯，因為占有保護如果必須考量侵奪人的占有本權抗辯，則在訴訟上雙方當事人必須就占有本權為辯論及舉證，勢必曠日費時，根本無法達到快速訴訟的立法目的。況且如果考慮占有本權抗辯，而肯定侵奪人即使因侵奪行為所得的占有，只要是有占有本權，也無須返還，則會違反民法第九六二條的「意志保護」或是「社會秩序保護」的占有保護立法目的。

(3)占有瑕疵抗辯——交互侵奪

如上所述，基於占有保護目的，民法第九六二條不考慮侵奪人的占有本權抗辯。同樣是基於占有保護目的，民法第九六二條卻必須考量侵奪人的「占有瑕疵抗辯」，這在所謂「交互侵奪」中，特別凸顯其重要：例如 A 之占有物被 B 侵奪，A 又由 B 處搶回。B 得否向 A 主張民法第九六二條？對於如此的「交互侵奪」，通說❽⑦認為，在一年內（參閱民法第九六三條），A 都可以向 B 搶奪回來，因此 B 不能向 A 主張民法第九六二條。而少數說❽⑧卻認為，法律嚴禁自力救濟，此為民法重要原則，因此即使是受害人

---

❽⑥ 對該誠實信用原則的解釋，請參閱劉昭辰，〈真正雙務契約的特殊效力——同時履行抗辯、危險負擔、解除在實務運用上的探討〉，收錄於《務實法學論文系列(十)》，第 79 頁以下。

❽⑦ 參閱謝在全，《民法物權論（下冊）》，第 656 頁至第 657 頁；王澤鑑，《民法物權(二)》，第 362 頁；史尚寬，《民法物權》，第 535 頁。

❽⑧ 參閱柯凌漢，《中華物權法論綱》，第 231 頁。

A 也不能再向 B 搶回，否則仍是構成不法侵奪，須負民法第九六二條責任。

本書認為，少數說似乎言之成理，因為如果同意 A 無須返還占有於 B，結果將如同變相承認，被害人即使在侵奪行為已經完成，仍可以隨時主張自力救濟，則民法第九六〇條第二項對於占有人「自力救濟」的嚴格要件，將成具文，而社會也將陷入永無寧日之狀態。但是如果細觀 A、B 兩人的占有關係，認為 B 無須返還占有於 A，則就價值判斷上，實難接受！固然民法第九六二條是保護占有事實，而不考量占有本權抗辯，因此即使是小偷的占有都受民法第九六二條的保護，例如小偷如被他人侵奪占有，仍可以向侵奪人主張占有返還。但是小偷此等純粹占有事實的保護，不能對抗遺失物的原主，因為兩者相較之下，遺失物原主才是受害人！詳細言之，小偷侵奪物之原占有人（所有權人）的占有，則小偷的占有對物之原占有人（所有權人）即屬瑕疵，當物之原占有人（所有權人）又由小偷處強制取回，則小偷的占有當然不應受到保護。

如果就占有保護的「意志保護」或是「社會秩序保護」理論觀之，也無法肯定小偷的占有，可以對抗物之原占有人（所有權人）之占有，因為雖然物之原占有人（所有權人），以侵奪手段，剝奪小偷之占有，該結果誠然是侵害小偷的「占有意志」及「社會安定秩序」，但是不要忽略，小偷本身的占有即是侵害物之占有人（所有權人）之占有，其侵害占有人「占有意志」及「社會安定秩序」在先，實無加以保護的道理。

總之，民法第九六二條的占有保護，是一種事實的保護，不法侵奪占有的成立要件，不考量侵奪人的「占有本權」抗辯。但也正是基於占有事實保護的立法目的，卻必須考量雙方當事人間，有無相互「占有瑕疵」的抗辯，例如在上述 A 的占有物被 B 侵奪，A 又由 B 處搶回時，B 的占有對 A 而言存有瑕疵，因此 B 的占有對 A 而言，當然不受保護，故 B 無從對 A 主張民法第九六二條的占有返還請求權。

⑷短期消滅時效

民法第九六二條不考量占有本權抗辯，因此即使是有權占有人以自力救濟手段，強制取回占有，也須依民法第九六二條返還占有於他人。但是

卻不排除，有權占有人可以另提訴訟，主張其占有權，而終極取回標的物。換言之，民法第九六二條的占有返還，只是一種暫時性的「強制執行」，能否終極保有占有，雙方當事人都有待另一本權訴訟的確定。為貫徹民法第九六二條只是暫時性的「強制執行」本質，民法第九六三條遂規定有短期消滅時效❽[89]：「前條請求權，自侵奪或妨害占有或危險發生後，一年間不行使而消滅」，但如果由原文的請求權「消滅」的效果觀之，本書認為民法第九六三條應是除斥期間之規定❾[90]。

2. 占有受妨害、被妨害之虞

民法第九六二條中段，規定有對於占有保護的第二種類型：占有受妨害。所謂占有受妨害，是指以使占有人完全喪失占有以外之方法，侵害其占有，使其無法對占有物實行完全之事實管領力而言❾[91]，例如在他人土地上，豎立電視天線，在他人大門口張貼小廣告，甚或臭氣的不當入侵等等（參閱並類推適用民法第七九三條）。而如果此等妨礙雖然尚未發生，但卻有即將發生之虞時，民法第九六二條後段規定有占有保護的第三種類型：請求防止妨害。

【智障之家】案例

在實務上比較有趣的問題是，在自己的土地上架設手機發送天線基地臺，對他人房屋發送電波，是否構成「占有妨害」？本書認為，基於現今科學研究，仍無具體事實可以證明該種電波的發射，會對人體造成傷害，則

---

[89] 參閱謝在全，《民法物權論（下冊）》，第 655 頁；王澤鑑，《民法物權㈡》，第 366 頁；史尚寬，《民法物權》，第 539 頁；最高法院 53 年臺上字第 2636 號判例：「占有人其占有被侵奪者，得請求返還其占有物，是項返還請求權，依民法第九百六十二條及第九百六十三條之規定，自被侵奪後一年間不行使而消滅，乃指以單純的占有之事實為標的，提起占有之訴而言。如占有人同時有實體上權利者，自得提起本權之訴，縱令回復占有請求權之一年短期時效業已經過，其權利人仍非不得依侵權行為之法律關係，請求回復原狀」。

[90] 參閱倪江表，《民法物權論》，第 439 頁。

[91] 參閱謝在全，《民法物權論（下冊）》，第 653 頁。

房屋占有人即難以主張其占有受有妨害。此外，實務上也發生房屋所有人（占有人）對鄰居智障之家所發出的噪音，可否依民法第九六二條請求排除占有妨害？而條文既謂「妨害」，當然指的是不法的阻礙占有行為，而不以故意、過失為必要 ❷，因此即使是智障兒發出噪音的行為，也有可能構成不法妨害行為！只是在討論妨害行為的不法性上，要問的是，智障之家成員的一般人格權（及遷徙自由）和占有人的事實狀態保護，究竟何者為重？此問題涉及憲法基本權的第三人效力，必須就雙方當事人的利益衡量，加以考量，是否占有人的事實狀態保護主張，應該退縮？首先應說明的是，在個案利益衡量比較上，並無一般人格權應優先的原則存在，而是須就個別案例的特殊性，一一加以比較。對於本案例，本書意見認為，只要智障之家所處之環境，有足夠、適當的噪音防範設施，即可以避免妨害他人的居住，相反地，要求房屋占有人遷徙，甚或造成該房屋根本無人願意居住的結果，兩者相較之下，明顯地保護智障之家將付出較大的社會成本。即使如果智障之家並無經濟能力設置足夠、適當的噪音防範設施，因此必須被迫遷徙，相較於該房屋最後根本會無人願意居住的結果，仍應選擇較低社會成本支出的保護房屋占有人的財產權才是。況且，製造噪音的智障之家，也無理由非得居住於人口雜密的大廈之中不可，換言之，明顯地智障之家並無妨害他人房屋占有的絕對必要性保護可言。至於是否智障之家是先於占有受妨害人居住於大廈中，在不法性的討論上，應無關鍵性可言，因為即使先居住於大廈之人，也無較優的權利，可以妨害其他人的正常使用住屋的權利。經由以上社會經濟觀點的比較，在衡量占有人及妨害人彼此之間的法益，及討論妨害行為有無必要性與否之後，本書認為，應肯定房屋占有人的民法第九六二條的「妨害占有」除去請求權 ❸。

---

❷ 參閱謝在全，《民法物權論（下冊）》，第653頁。

❸ 值得注意的是，2007年7月所通過的「人類免疫缺乏病毒傳染防治及感染者權益保障條例」中的相關條文，例如第4條規定：「感染者之人格與合法權益應受尊重及保障，不得予以歧視，拒絕其就學、就醫、就業、安養、居住或予其他不公平之待遇，相關權益保障辦法，由中央主管機關會商中央各目的事業

【遮蔽日光照射】案例

已被討論多時的遮蔽鄰家日光照射案例，也是民法第九六二條有名的爭議問題❾❹。此種案例所爭執者，是雙方當事人的利益保護相互衝突，應以誰優先？所應考量者，仍是雙方當事人彼此間利益衡量結果。一般而言，對於物的占有（所有權）妨害，只要物的使用內涵無法發揮時，即構成占有妨害。而一般的住家，如果僅是無法接受日光照射，尚難謂已經達無法使用的狀態，否則以今日臺灣地狹人稠，居住空間勢必往上發展，動輒即構成妨害他人的住屋占有，而必須被拆除，對於社會經濟效益而言，自是無法接受。本書認為，除非住家的日光照射被完全遮蔽，以致完全不適合長期居住（人必須接受適當的陽光照射，始能生存），致使住家居住功能完全喪失時，才應肯定構成妨害占有（所有權），占有妨害人即負有除去妨害之結果。

(1)行為妨害人、狀態妨害人

民法第九六二條中段及後段，以妨害發生的行為人為被告，殆無疑義，例如 A 在將建材置於 B 所有土地的道路出入口，A 即負有除去妨害之義務，而須將該建材移走。問題是如果 A 將該批建材讓與 C，或是拋棄該批建材，B 應以誰為被告，要求除去妨害？

對此一問題，我國民法未有規定。學說❾❺以為，負有除去妨害義務之人，除了行為妨害人之外，狀態妨害人也負有義務除去妨害。而所謂狀態妨害人是指，有能力除去妨害，但卻加以容忍之人❾❻，例如 A 自家果實因颱風吹入 B 鄰家土地，雖然該妨害結果不是 A 的行為所造成，但是知情的 A 應負有移走該果實之義務❾❼。其他尚如房屋出租人對於承租人所發出的

主管機關訂定之」，部分條文是否有違憲爭議，有待加以討論。

❾❹ 對於此種案例的歷史發展，參閱 Wolf, Scahenrecht, Rdn. 237.

❾❺ 參閱王澤鑑，《民法物權㈡》，第 363 頁。

❾❻ Wieling, Sachenrecht, S. 66 f.

❾❼ 參閱謝在全，《民法物權論（下冊）》，第 653 頁；王澤鑑，《民法物權㈡》，第 363 頁。但德國學說卻一致認為，對於因自然力所造成的占有妨害，占有人不能主張民法第 962 條要求排除。對此見解，本書從之，否則一場風災或是戰

擾人噪音，或是上述的建材新所有權人，都是狀態妨害人（房屋承租人及建材原所有權人則是行為妨害人），負有除去妨害之義務。有爭議的是，如果 A 拋棄該批建材，已非是所有權人，是否仍負有除去妨害之義務？學說頗有爭議。有認為❾❽，負有除去物之妨害義務之人，應以其對該物有物上的權利為前提，因此 A 已經拋棄所有權，即無負有除去妨害之義務。另一說❾❾則認為，當 A 將建材置於他人土地上，即應負有除去妨害之義務，縱使 A 之後拋棄所有權，現存的妨害狀態仍是因其所起，A 不應因而免除其責任。對此爭議，就結果的合理性而言，本書從後說。

(2)效　果

如有妨害占有或是妨害之虞時，占有人可以請求①除去妨害，或是②防止妨害。其中對於除去妨害的效果，最應注意者是必須和損害賠償清楚區分。民法第九六二條的除去妨害，不是損害賠償，因此不以妨害人的故意、過失為必要，所以在「妨害」的認定上，有必要加以嚴格、清楚界定，以免將原本應屬民法第一八四條的過失損害賠償效果者，錯誤納入民法第九六二條的無過失責任，而不當加重當事人責任。

舉例言之：

案例①：

A 所種的大王椰子樹，為蟲蛀蝕而傾倒於 B 的土地上，並壓壞 B 所種植的花苗。

不論 A 對於其大王椰子樹的傾倒是否有過失，A 都必須依民法第九六二條，負移除大王椰子樹的義務。但是民法第九六二條僅限於「妨害行為」本身，就妨害行為所引起的花苗被壓毀結果，則是屬於損害賠償範圍，此時 B 應依民法第一八四條第一項前段，舉證證明 A 對於大王椰子樹的照料有過失，A 始負回復原狀的損害賠償責任。如果擴大民法第九六二條及於妨害行為所引起的結果，換言之，即使 A 無過失也必須將 B 的花苗回復原

爭轟炸之後，全部的人都要相互請求除去妨害，該荒謬結果，殊難想像。

❾❽　參閱 Gursky, JZ 1990, 919, 921; Wieling, Sachenrecht, S. 67 ff.

❾❾　參閱 BGH 18, 253, 255; MünchKomm/Medicus, §1004 Rdn. 43a.

狀，則該結果會等同變相規避侵權行為的過失原則，而不符合整體法律價值判斷。

案例②：

　　A等一群人，未得B之同意擅進其土地烤肉，並將垃圾遺留在土地內。因火種未確實熄滅，而引起火災，所幸B的房子未被燒及，僅是被燻黑。

　　A必須依民法第九六二條，負移除所遺留的垃圾，自無疑問。而B的房子被燻黑，絕不能被理解成是「使占有人完全喪失占有以外之方法，妨害其占有」，而命A依民法第九六二條負有除去房子燻黑結果之義務。B的房子被燻黑，實是A不法妨害他人占有的結果，屬於民法第一八四條的損害賠償範圍，而必須以A有過失為前提，始負責任。兩者區別，不可不察。

實體層面

　　物的權利人，如果同時也是物的占有人時，對於第三人的侵奪或是妨害占有的行為，往往可以捨棄主張「權利」受侵害，改以主張「占有」受侵奪為救濟，而收到快速訴訟的效果，是為占有所發揮的訴訟層面上的功能。另一方面，物的權利人，在主張「權利」受侵害時，也會因為同時也是物的占有人，而擴大其權利保護的保護範圍，使得原本不受保護的權利或是原本保護範圍有限的權利，改受法律保護，而表現出占有在實體保護層面上的功能，例如民法第四二五條及第一八四條第一項前段，都是因「占有」所帶來的實體保護層面上的功能的著名例子。以下即加以說明：

一、「買賣不破租賃」

1.基本原理

　　因占有而使得原本不受保護的權利，改受保護，最著名的例子就屬民法第四二五條的「買賣不破租賃」：「出租人於租賃物交付後，承租人占有中，縱將其所有權讓與第三人，其租賃契約，對於受讓人仍繼續存在。前

項規定，於未經公證之不動產租賃契約，其期限逾五年或未定期限者，不適用之」。租賃權得以對抗第三人，而發生買賣不破租賃效力，該效力以租賃權人占有租賃物為必要。而所謂的「占有」，以民法第九四〇條的定義為要，例如出租人房屋交給承租人，使其取得租賃物的事實上管領力，自無疑義。但是有時也未必如此，例如 A 將其房屋外牆提供 B 為廣告看板，只要 B 取得該外牆的使用、收益的狀態，即是完成租賃物「占有」。此外，占有的取得不以現實交付為必要，如得到承租人之同意，即使僅是使承租人間接占有租賃物，本書認為，亦有適用，例如承租人本人無法親自受領房屋交付，而由其委任律師代為受領，即有民法第四二五條之適用❿。

　　承租人和出租人之間的租賃契約關係，只是債權關係，原本只能約束雙方當事人，如果租賃物所有人（出租人）將租賃物讓與他人，照理承租人的租賃權並不會有對抗租賃物受讓人的效力，但是民法第四二五條的買賣不破租賃卻規定，原本只有相對效力的承租人的租賃權（債權），發生得以對抗第三人（租賃物的受讓人）效力，而可以拒絕返還租賃物於受讓人，並繼續對之主張租賃契約，造成債權如同物權般，具備絕對效力，所以學說又稱之為「債權物權化」。原本只是債權效力的租賃權，之所以具有絕對效力，如同原文所強調，**關鍵在於承租人「占有」租賃物的關係**，因為藉由占有租賃物，承租人藉此向外界宣示其債權的存在，透過占有所**發揮的**「公示」債權作用，使得第三人有理由相信占有人有正當的權利存在，而必須加以正視及尊重，得以對抗第三人。

2. 動產的「買賣不破租賃」

⑴民法第四二五條的限縮適用

　　在適用民法第四二五條時，值得注意的有以下幾點。首先，對於不動產的無償使用借貸（民法第四六四條），並無如民法第四二五條般有對抗第三人效力的規定，學說⓫及最高法院⓬盡皆認為，此時並無類推適用民法

⓿　不同意見：參閱吳秀明（黃立主編），《民法債編各論（上）》，第 456 頁。

⓫　王澤鑑，〈基於債之關係占有權的相對性及物權化〉，《民法學說與判例研究㈦》，

第四二五條的可能。該見解本書從之，因為就無償借用人及借用物的受讓人之間的利益衡量判斷，實不見無償借用人應受法律較優保護的理由何在？故**無償借用人不能以其借貸契約對抗借用物受讓人**，是為有理。

再者，學說上非常有爭議的是，民法第四二五條的「買賣不破租賃」，能否適用在動產租賃？有認為**⑩**，民法第四二五條原文並未限於不動產買賣讓與，自應包括動產及不動產，就立法政策言，亦稱周延。反對說**⑩**則認為，租賃契約是債權效力，原不應發生對抗第三人效力，而動產之承租人未必是經濟上弱者，故對於「買賣不破租賃」立法，各國民法多以不動產租賃為限。

究竟民法第四二五條的「買賣不破租賃」，可否適用於動產租賃，不僅是法律理論上的爭議問題，對於實務上也有重大的影響。本書認為，正反二說，盡皆有理。如果由民法第四二五條的立法理由書觀之：「僅按出租人於租賃物交付後，將為租賃標的物之不動產所有權讓與第三人時，其第三人依法律規定，當然讓售出租人所有之權利，並承擔其義務，使租賃契約依舊存續，始能保護承租人之利益。故設本條以明其旨」，立法者意思似是要將民法第四二五條的「買賣不破租賃」限於不動產租賃，應為可信**⑩**。因此本書也贊同將民法第四二五條的原文，應做「限縮解釋」，而排除動產租賃的適用。

只是如果就民法規範做整體的觀察，立法者果真排除動產「買賣不破

1992 年 9 月，第 91 頁。

⑩ 最高法院 59 年臺上字第 2490 號判例：「使用借貸，非如租賃之有民法第四百二十五條之規定，縱令上訴人之前手將房屋及空地，概括允許被上訴人等使用，被上訴人等要不得以上訴人之前手，與其訂有使用借貸契約，主張對現在之房地所有人即上訴人有使用該房地之權利」。

⑩ 王澤鑑，〈買賣不破租賃：民法第 425 條規定之適用、準用及類推適用〉，《民法學說與判例研究(六)》，2004 年 3 月，第 195 頁。

⑩ 蘇永欽，〈關於租賃權物權效力的幾個問題——從民法第四二五條的修正談起〉，《律師雜誌》，第 241 期，第 22 頁。

⑩ 參照吳秀明（黃立主編），《民法債編各論（上）》，第 450 頁。

租賃」的法律效果嗎？舉例言之：A 將其汽車出租給 B，並交付 B 使用。在租賃契約有效期間，A 卻又將其汽車所有權讓與 C。而動產所有權移轉所必須的交付方式，明顯現實交付並不可行，此時 A 只能依民法第七六一條第三項的「讓與返還請求權」方式，將 A 對 B 在租賃契約到期後的返還請求權（民法第四五五條），讓與給 C，使 C 取得間接占有，以代現實交付。須注意的是，A 將民法第四五五條的請求權讓與 C，以代現實交付，是一種「債權讓與」，必須適用民法第二九四條以下規定，其中民法第二九九條第一項規定：「債務人於受通知時，所得對抗讓與人之事由，皆得以之對抗受讓人」。依該規定，為保護債務人，債權讓與的結果不能惡化債務人地位，是以所有債務人原本在受讓與通知前，可以對抗舊債權人的事由，在債權讓與後，仍可以繼續對抗新債權人。因此，上例承租人 B 的租賃地位，不會因 A 將租賃物讓與 C 後，受到影響，B 可以根據民法第二九九條第一項，對 C 主張其租賃契約繼續存在，該結果也充分展現「動產租賃權的物權化」效果：「買賣不破動產租賃」。

　　如果動產所有權人是以民法第七六一條第二項「占有改定」方式，移轉所有權，則動產承租人能否主張其租賃權也可對抗受讓人？例如 A 將汽車出租於 B，而其後 A 又將汽車所有權讓與 C，但因 A 無法為現實交付，遂和 C 約定，由 A 向 C 承租而繼續占有之，C 成為間接占有人，以代現實交付。雖然本例並無民法第二九九條第一項的適用，但是本書認為仍應同意 B 可以對 C 主張其租賃權，而有「動產債權物權化」效力，因為實在不見何以不同的讓與方式，B 的租賃權法律保護就應有不同的程度和結果 ⑩。

　　綜合以上所述，由民法第四二五條的立法理由觀之，立法者確實是要將民法第四二五條限縮適用於不動產租賃，這是因為不動產所有權的讓與，根據民法第七五八條是以登記為必要，而無須有交付行為，因此不動產承租人自無得援引民法第二九九條第一項，以其租賃權對抗租賃物受讓人。為使不動產承租人仍能主張買賣不破租賃，故自有民法第四二五條特別立

---

⑩　德國最高法院 (BGH NJW 90, 1914) 也同意本例可以類推適用德國民法第 986 條第 2 項，而肯定租賃權人可以以其租賃權，繼續對抗動產受讓人。

法的必要。

(2)動產「買賣不破租賃」的效果

總之，本書認為，動產租賃也有「買賣不破租賃」，但其法律理論及條文根據是民法第二九九條第一項，而非民法第四二五條。而就法律效果上，也不同於不動產的「買賣不破租賃」。民法第四二五條的「買賣不破租賃」，其效果是整個租賃契約法定移轉至不動產受讓人(不僅是租賃債權讓與!)，換言之，租賃契約當事人在不動產所有權移轉後，變換成為承租人和租賃物的受讓人。而動產的「買賣不破租賃」，根據民法第二九九條第一項，卻不發生租賃契約的法定移轉，租賃關係仍是存在於原來的當事人間，只是動產承租人可以就其租賃契約，向動產新所有權人抗辯主張繼續使用租賃物。其次，民法第四二五條的「買賣不破租賃」不能類推適用於不動產無償借貸，因為就借用人的無償使用，和不動產新受讓人之間的相互價值衡量下，無償借用人實無較優保護之必要。但是民法第二九九條第一項所產生的「買賣不破動產租賃」效果，卻是可以適用於動產的無償使用借貸，這是因為，在無償借貸期間，借用物的受讓人也只能依民法第七六七條第三項的「讓與返還請求權」方式為之，而借用物受讓人應該清楚知道該物現在在他人（借用人）的占有中，如其仍無所謂而受讓之，即使借用人是無償借用，相較之下，借用物受讓人並無加以保護必要，而須自負結果。

「動產買賣不破租賃」所發生的「動產債權物權化」效力，和「不動產買賣不破租賃」所發生的「不動產債權物權化」效力，更有以下的不同：A 將汽車以「所有權保留方式」出賣給 B，而先交付 B 占有使用。其後 A 將汽車又出售於 C，並以民法第七六一條第三項「讓與返還請求權」方式，移轉所有權於 C。B 除可以對 C 主張期待權外，B 也可主張因買賣契約所產生的占有權能，繼續對 C 存在，如此即發生動產「買賣不破買賣」的效力。但如果本案標的物是不動產，則無不動產「買賣不破買賣」的效力，民法第四二五條並無類推適用的餘地，因為如同前述見解，就立法政策上言之，應當嚴格限制民法第四二五條的適用，當物權受讓人不是透過例如民法第七六一條第三項的讓與返還請求權方式，而是依一般交付方式讓與

所有權者，就應使受讓人取得完整的所有權，不動產標的物上的債權人，不應向其主張其債權效力，否則將等同否認債權相對效力的民法重大原則。

二、 占有本權的侵權行為保護

債權原本僅有相對效力，不能對抗第三人，但是如果債權內容包含有可以占有標的物的權能，而債權人也確實占有標的物，則該債權即會有如同物權般效力，而可以對抗第三人，學說稱之為「債權物權化」現象，上述的民法第四二五條即是一例。此外，當債權人依債之內容占有標的物，其所展現出的對抗第三人的「債權物權化」效力現象，民法上另一顯著的例子，即是此等債權會受民法第一八四條第一項前段的「權利」保護。

1. 占有本權的侵害

債權是否受民法第一八四條第一項前段的「權利」保護？在民法上是一有名的爭議問題。目前的學說漸漸傾向於否定見解，其理由主要在於，如將欠缺公示表徵的債權納入民法第一八四條第一項前段的「權利」保護，勢必將無限擴大侵權行為人的損害賠償責任，並也將違反自由經濟競爭的本質[107]。雖然「債權」不受民法第一八四條第一項前段的「權利」保護，已漸為今日通說，但是學說[108]上卻無爭議的認為，如果一旦債權人占有標的物，則該債權即可受民法第一八四條第一項前段的「權利」保護，而可以對侵害債權的行為人，主張損害賠償責任。例如當租賃物承租人占有租賃物，如有第三人因過失不法毀損租賃物，則不但是租賃物所有權人，即使是租賃物承租人，亦可以主張民法第一八四條第一項前段的侵權行為責任。

---

[107] 王澤鑑，《侵權行為法㈠》，2005 年 1 月，第 198 頁；劉昭辰，〈侵權行為法體系上的「保護他人之法律」〉，《月旦法學雜誌》，第 146 期，第 234 頁。

[108] 王澤鑑，〈侵害占有之侵權責任〉，《民法學說與判例研究㈢》，2002 年 3 月，第 228 頁；《民法物權㈡》，第 384 頁。

2.善意無權占有人

民法第一八四條第一項前段所保護的是「權利」，單純的「占有」本身不受民法第一八四條第一項前段所保護。因此無權占有人，例如小偷即使占有標的物，也無從主張民法第一八四條第一項前段的保護。同樣地，即使租賃債權人占有租賃物，但是如果該租賃契約事實上卻是無效，當然也無得主張民法第一八四條第一項前段的保護。換言之，民法第一八四條第一項前段所保護的是「有權占有」，典型如（有效）租賃權，其他尚如無償借貸及質權等等，都是民法第一八四條第一項前段所保護的對象。除此之外，雖然是無權占有，但是法律如果賦予無權占有人有相當之權能或是利益者，該無權占有也是民法第一八四條第一項前段所保護的對象，**民法第九五二條即為一例:「善意占有人，依推定其為適法所有之權利，得為占有物之使用及收益」**，因該（無權）善意占有人法律上仍有收受孳息及使用占有物之權利，所以即使該善意占有人是無權占有，其占有仍受侵權行為法所保護，而可要求不受第三人之侵害❿。例如 A 之汽車為 B 所盜，B 並將之出賣並讓與善意之 C。雖然 C 必須依民法第九四九條將汽車返還於 A，但是根據民法第九五二條，善意之 C 可以取得汽車使用及收益，而無須返還（民法第九五八條的反面解釋）。雖然 C 是無權占有汽車，但是依民法第九五二條可以收取孳息及使用利益，並保有之，如此占有所產生的孳息及使用利益收取權利，也是受到民法第一八四條第一項前段的保護，如第三人有不法侵害行為，例如將汽車竊走，而導致 C 無法使用，第三人必須對之負侵權行為損害賠償責任。

3.直接占有人與間接占有人相互間

至於依債權關係而取得的間接占有地位，是否也應受到民法第一八四條第一項前段的「權利保護」，則必須區分不同的侵權行為人而決定。如果侵權行為人是直接占有人以外的第三人，則債權人的間接占有地位，也是

---

❿　參照 Medicus, AcP 165, 136.

民法第一八四條第一項前段所要保護對象，例如租賃物如受到第三人侵害，則可以主張民法第一八四條第一項前段的請求權人，除租賃物所有權人（間接占有人）及承租人（直接占有人）外，如有轉租的情形，轉租人（間接占有人）也可以主張因租賃物被毀損，以致無法取得的轉租租金利益❿。

　　相反地，如果是直接占有人侵害間接占有人的債權時，例如直接占有人（承租人）拒絕返還租賃物於間接占有人（出租人），或是直接占有人交互侵奪間接占有人的占有時，則間接占有人不能向直接占有人主張民法第一八四條第一項前段的損害賠償，而要求回復原狀，返還租賃物。理由考量如下：在上述直接占有人（承租人）拒絕返還租賃物於間接占有人（出租人），或是直接占有人交互侵奪間接占有人的占有的情況，因為直接占有人才是對物有事實管領力之人，相較之下，**間接占有人的占有程度，是相當薄弱，當然也不應比直接占有人受有更優的占有保護**，所以間接占有人（出租人）無從對直接占有人（承租人）主張相關占有保護規定，例如民法第九六二條。而租賃權原本僅是債權，不受民法第一八四條第一項前段的「權利」保護，但是如果債權人已占有標的物，則該債權即受民法第一八四條第一項前段的「權利」保護，前後兩種情況相互比較之下，明顯地，債權人是因為其對物的占有事實，始受有侵權行為的保護，換言之，債權人也是鑑於其占有地位，其債權始受民法第一八四條第一項前段的侵權行為保護，而同樣相較於直接占有人的高強度占有地位，間接占有人薄弱的占有地位並不受侵權行為所保護。因此，當間接占有人侵害直接占有人的債權，間接占有人非但不能向直接占有人主張民法第九六二條的占有保護，也不能向其主張民法第一八四條第一項前段的侵權行為保護。

三、單純的占有在侵權行為法上的保護

　　一般侵權行為法共區分三大類型：一是民法第一八四條第一項前段的侵害「權利」類型，二是民法第一八四條第一項後段的「故意違反公序良俗」類型，三是民法第一八四條第二項的「違反保護他人法律」類型。單

❿　Jauernig/Teichmann, §823 Anm. II 5 d bb.

純的占有受侵奪，不受民法第一八四條第一項前段「權利」保護，是一致見解，並無疑問。問題是，單純的占有是否受民法第一八四條第一項後段的「故意違反公序良俗」及民法第一八四條第二項的「違反保護他人法律」的保護，則不無疑問。

1.民法第一八四條第一項後段

　　單純的占有受侵奪，是否構成民法第一八四條第一項後段的侵權行為？學說及實務判決都未觸及該問題。占有是一種事實，並不是權利，而法律也未賦予占有本身有任何利益在內。因此單純的占有受侵奪，是否構成民法第一八四條第一項後段的侵權行為，關鍵在於該條文的「損害」構成要件是否構成？本書認為，所謂損害是指「法益」的減損，而法律上並未賦予單純的占有本身有任何的內涵，當然單純的占有也無所謂有任何法律上的利益可言，因此如小偷的占有又被其他小偷所侵奪，實不見小偷有何法律利益上的減損，而可以請求損害賠償之可能。現行學說及實務⑪見解，皆將占有當成一種「法益」對待，對於該「法益」名詞能否適用於占有，本書持非常懷疑態度。在此必須一再強調，占有只是一種事實，不是權利，法律更無賦予任何內涵在內，既然未賦予任何內涵，何來「（法律）利益」可言？即使「占有」的事實，在民法上仍具有一定的意義及功能，而被專章規範，充其量也只能說「占有」是一種被承認的法律規範對象罷了，而絕非是一種利益，所以如僅是單純的占有被侵奪，自也無損害發生。因此本書認為單純的占有受侵奪，占有人不能主張民法第一八四條第一項後段的侵權行為保護。

---

⑪　例如最高法院 71 年臺上字第 3748 號判決即謂：「占有固為事實，並非權利，但究屬財產之法益，民法第九百六十條至第九百六十二條且設有保護之規定，侵害之，即屬違反法律保護他人之規定，侵權行為之違法性非非具備，自應成立侵權行為。至占有人對該占有物有無所有權，初非所問」。

2.民法第一八四條第二項

　　單純的占有被侵奪，占有人請求侵權行為損害的條文根據，依學說[112]及實務[113]見解，皆以民法第一八四條第二項為依據，並認為民法第九六二條是「保護占有人之法律」。但該依據則不無疑問[114]。首先，果真民法第九六二條是「保護占有人之法律」？如果以「社會秩序保護」理論觀之，民法第九六二條所保護者應是一般社會法益，而不是占有人的個人利益。而即使對民法第九六二條採「意志保護」理論，是否民法第九六二條是民法第一八四條第二項所謂「保護占有人之法律」，也不無疑問，因為如果民法第九六二條的立法目的是要保護占有人的占有意志，則占有侵奪人所應負的損害賠償責任，應是「非財產上」的損害賠償才是，而不應有任何的財產上的賠償請求，當然更不能將「占有」的失去當成財產上損害，而請求返還占有[115]。如將民法第九六二條當成是民法第一八四條第二項所謂「保護占有人之法律」，損害賠償的法律效果上將是一場空，而毫無意義。

　　如同在上述中，對「損害」及「占有」概念的理解，本書認為，單純的「占有」受侵奪，占有人既不能主張民法第一八四條第一項後段，也不能主張民法第一八四條第二項的救濟，因為實不見小偷所占有的盜贓物，如被他人竊走，有何財產上的不利益，而可以請求損害賠償可言！最高法院七十四年臺上字第七五二號判決認為：「民法有關保護占有之規定，於無權源之占有，亦有其適用。故占有事實上管領占有物，縱無合法權源，對其主張權利者，仍應依合法途徑謀求救濟，以排除其占有。如果違背占有人之意思而侵奪或妨害其占有，非法之所者，占有人對於侵奪或妨害其占

---

[112]　參閱謝在全，《民法物權論（下冊）》，第640頁；王澤鑑，《侵權行為法(一)》，第350頁至第351頁。

[113]　參閱最高法院74年臺上字第752號判決。

[114]　參閱劉昭辰，〈侵權行為法體系上的「保護他人之法律」〉，《月旦法學雜誌》，第146期，第241頁。

[115]　參閱 Wieling, Sachenrecht, S. 71.

有之行為，得依民法第九百六十條第一項規定，以己力防禦之。民法第九百六十二條規定之占有保護請求權，於無權源之占有人亦得主張之。如果占有被不法侵害，占有人即非不得依侵權行為之法則，請求賠償其所受之損害」，在該判決中，最高法院同意無權占有人可以因占有被侵奪，而主張使用收益損害賠償（營業上的收入損失），不無可議之處。本書仍堅持，單純的占有不是一種法益，對之為侵奪並無損害賠償問題，除非占有人不僅是單純的占有受侵奪，而是有權占有（例如租賃權）受侵奪，或是雖然是無權占有，但是法律卻賦予一定的利益（例如民法第九五二條），則此時侵奪其占有，才有損害賠償的請求可言。但是此兩種情形，法律所保護的對象，並非僅是單純的占有，前者法律所保護的是「權利」，後者則是保護具有對抗第三人效力的「法益」，請求權人所根據的請求權基礎是民法第一八四條第一項前段，而不是民法第一八四條第二項及第九六二條。上述最高法院七十四年臺上字第七五二號判決，倉促認定無權占有人的「占有」受侵奪，即可以請求損害賠償，是為可議。正確言之，最高法院應進一步就無權占有人是否是善意占有人加以認定，並肯定以民法第一八四條第一項前段及第九五二條為請求權基礎，始為適當。

四、權利的占有保護 (Petitorischer Besitzschutz)

在第二章曾提及「權利的占有保護」制度，依該制度可以使債權人向第三人主張占有物的回復，而請求返還占有，例如筆記型電腦的借用人遺失電腦，可以根據「權利的占有保護」向拾得人主張返還電腦的占有。我國民法雖然尚未有該「權利的占有保護」制度，但是最高法院八十四年臺上字第一五○九號判決認為：「按法律所定不動產相鄰關係，係以調和利用不動產所產生之衝突，俾發揮其經濟功能為目的，自應重在不動產利用權人間之關係，而不應重在不動產所有權之誰屬。參酌民法第八百三十三條、第八百五十條、第九百十四條不動產用益權人亦可準用相鄰關係規定之立法意旨，應認相鄰關係不僅法律所規定者有其適用，即承租人、使用借貸人等權利人相互間及其與所有人相互間，均有其適用」，而賦予承租人、借

用人等，可基於其債權而對第三人主張不受侵擾，適時具體體現債權人的占有保護，值得肯定。

例題演練

例 題 1 ▼

A 誤將自己的雜誌遺留在 B 之桌子上，B 在觀看時，C 騙 B 為自己所有而取走。A 對 B、B 對 C 或 A 對 C 可否主張第九六〇條或第九六二條占有之救濟？

提 示

第九六〇條及第九六二條皆以侵奪行為之存在作為行使的前提，又所謂侵奪，乃指違反占有人之意思，以積極之不法行為將占有物之全部或一部，移入自己之管領而言。因此：A 對 B 不得主張，因為雜誌為 A 自行遺忘於 B 之桌上，B 對 A 並無侵奪行為之存在；B 對 C 亦不得主張占有之救濟，因為 C 雖有詐欺的不法行為，但 B 仍出於己意而為交付，亦不構成侵奪；A 對 C 亦不得主張占有之救濟，因 A 對該雜誌已非直接占有人，且 AB 間不具法律關係，而亦不具有間接占有人之身分。

例 題 2 ▼

A 所有的腳踏車被同學搶走時，試分析 A 主張占有之自力救濟、正當防衛或自助行為時其間要件上之差異？

提 示

本例涉及第九六〇條第一、二項占有自力救濟之規定，分別為正當防衛與自助行為之特別規定，二者在適用上有何異同？在正當防衛之部分，皆以現時

的侵害為必要，且逾越必要之程度，仍須依侵權行為負一賠償責任；在自助行為之部分，占有之自力救濟，不若自助行為受有「以不及受法院或其他有關機關援助，並非於其時為之，則請求權難以行使或其實行顯有困難」的限制，但占有之救濟則須以「即時性」為其要件，自助行為則無。

例 題 3 ▽

國中生 A 將最新款的翻譯機借給其同學 B 使用，B 嗣後霸占不還，A 遂告訴另一同學 C 只要向 B 拿回來就借其使用，於是 C 向 B 強行取回。問 B 可否請求 C 返還該翻譯機之占有？

提 示

肯定之。侵奪行為不以故意過失為要件，因此即便是無行為能力人或限制行為能力人亦能構成。且侵奪有無之判斷，間接占有人與直接占有人相衝突時，應以直接占有人為主，因此 B 得向 C 主張占有物返還請求權。

例 題 4 ▽

A 之所有的三枚戒指被 B 侵奪時，設若 B 將其中一枚出賣予善意的 C、一枚出租予善意的 D，剩下一枚嗣後則因 B 死亡而由其子 E 繼承時，A 得否向 CDE 主張占有物返還請求權？

提 示

本例涉及侵奪人以外之第三人，是否屬占有物返還請求權之對象？若不得向第三人請求返還，占有人可得行使之主張為何？就 E 之情形，屬概括繼受人，因此 E 自應繼受其前手之瑕疵而被列為請求返還的對象。就 C、D 而言，則屬特定繼受人，因涉及交易安全之考量，因此有所爭議，通說認為端視該第三人是否為善意而斷，蓋因占有乃屬對事實狀態之保護，只須該第三人為善意即受保護而不得請求，不以該第三人善意取得所有權為必要，因此 C、D 皆不負返

還之責任。又如無法按占有物返還請求權向第三人請求返還時，僅得向侵奪人主張占有物返還請求權，要求侵奪人向受讓人取回其物以回復占有人之占有，或請求侵奪人讓與其對第三人所得主張之權利，使占有人對該第三人取得間接占有之地位。

例 題 5

　　A 將其所有之休旅車出租於 B，A 之後將該車出賣予 C，並以觀念交付的方式交付於 C，設若 C 以所有權人之身分向 B 請求返還該車，B 可如何主張其權利？

提 示

　　B 可考慮的主張，可按民法第四二五條關於買賣不破租賃之規定予以抗辯，但此規定是否適用於動產仍有爭議，因而有敗訴之虞。因此本書認為此時若 A 按讓與返還請求權的方式交付此動產於 C，B 即可按第二九九條第一項關於債權讓與之規定來進行抗辯，以達到相同的效果，縱然 A 按占有改定的方式交付此動產於 C，亦不應有所不同。

例 題 6

　　A 有腳踏一部，被 B 搶走，今 A 之占有被侵奪時，若欲以侵權行為作為救濟手段時，是否有其要件上的限制？又假設 A 為間接占有人，有何不同？

提 示

　　本書認為第一八四條第一項前段所保護之占有，單純的占有不包括在內，僅限於有權占有或受法律所保護之占有（如民法第九五二條），至於間接占有，則視侵權行為人屬直接占有人以外之第三人或直接占有人而有所不同。又占有是否受第一八四條第一項後段之保護，本書認為因為損害乃指法益有所減損而

言，而單純的占有法律上並未賦予占有本身有任何的內涵，當然無法益可言，自無損害之發生。又占有是否受第一八四條第二項之保護，依學說與實務見解認為第九六二條是保護占有人之法律，但本書認為第九六二條不論從社會秩序理論或意志保護理論皆認為將其解釋為保護占有人之法律有其瑕疵存在。

5 | 所有權人與無權占有人之權利義務關係

　　無權占有人依民法第七六七條前段規定，必須將其所占有之物，返還於所有權人。而在占有人無權占有期間，不乏占有人會對占有物有孳息的取得，或是損害的發生，則占有人應負如何的責任？甚而法律上必須討論的是，占有人在此期間所支出的費用，所有權人是否須負返還責任？凡此種種，構成所有權人和無權占有人彼此之間，除占有物之返還（主）給付義務外，其他尚有待解決的從給付義務問題。對所有權人和無權占有人彼此間具體的從給付義務內容，民法規範在第九五二條至第九五九條。

概　說

　　民法第九六二條雖然在法律編排體系上，難以和民法第七六七條互相連結，但是民法第九五二條以下所規範的占有人和所有權人法律關係，依學說 ❶ 見解，係以民法第七六七條為基礎，進而所衍生出來的所有權人及占有人間從給付義務。換言之，民法第九五二條以下所謂的「占有人」，係僅指民法第七六七條的「無權占有人」而言，而不包括「有權占有人」，這可以從條文中區分「善意占有人」及「惡意占有人」，而賦予不同的法律責任可知，因為「惡意占有人」一定是指惡意無權占有人，「惡意有權占有人」，就價值判斷上並無任何意義可言。除此之外，由民法第九五九條的規定內容，也可得到民法第九五二條以下之「占有人」，僅針對無權占有人之結論，因為民法第九五九條規定「善意占有人，於本權敗訴時，自其訴訟拘束發生之日起，視為惡意占有人」，該本權訴訟指的就是占有本權訴訟，換言之，即指民法第七六七條的所有物返還請求權訴訟而言。相反地，民法第九六二條的占有物返還請求權，並不討論占有人是否有本權占有，因此民法第九五二條以下，也不應適用於民法第九六二條的請求關係上，因為民法第九六二條從未討論占有人的占有本權存在與否問題 ❷。反之，民法第九四九條的盜贓、遺失物所有權人的請求權，本質上仍是民法第七六七條的延

---

❶　不同學說見解及爭議：參閱謝在全，《民法物權論（下冊）》，第 642 頁。

❷　不同意見：謝在全，《民法物權論（下冊）》，第 611 頁。

伸，因此在盜贓、遺失物所有權和善意取得人間的法律關係上，自當仍有民法第九五二條至第九五九條的適用。

　　所有權人和（無權）占有人之間的從給付義務，依民法第九五二條以下規定，會因占有人的主觀心態不同，而有不同的責任。基本上，該等條文將占有人區分成「善意、惡意占有人」及「自主、他主占有人」，而加諸不同的責任。

一、善意及惡意占有人

　　對於民法第九五二條以下的「善意」或是「惡意」占有人，民法並無清楚定義，如果將之與民法第八〇一條、第九四八條的「善意取得」相比擬，則在對於善意占有人的認知上，頗有爭議。最高法院七十一年臺上字第二八一九號判決認為：「讓與動產所有權，如讓與人無讓與其所有權之權利；而受讓人又非善意者（指明知或可得而知該讓與人無讓與權利之謂），受讓人固不因之取得其所有權。惟如讓與人非無讓與所有權之權利，當不發生受讓人是否非善意之問題，受讓人依讓與之效力自當然取得其所有權」，該判決明顯認為如果受讓人有一般「過失」（可得而知而不知），則即非善意。史尚寬先生[118]謂「善意取得之制度，在於保護交易之安全，如依周圍之情事，在交易經驗上，應可得讓與人之無讓與權利之結論者，應認為惡意」，似也是採一般「過失」要件。而姚瑞光先生[119]則是認為，如有重大過失而不知讓與人無讓與權利者，即非善意。

　　本書認為，參考民法第九十二條或第二四七條等規定，可知民法價值判斷上，往往將當事人的「明知」和「可得而知」相提並論。據此，上述學說及實務見解皆認同因「過失」而不知讓與人無權讓與者，即如同「明知」般，非屬善意，應可以贊同。只是善意占有人的「過失」程度底線，應是以一般抽象輕過失或是重大過失為準？本書認為，參照民法第九十二

[118]　參閱史尚寬，《民法物權》，第510頁。另參閱謝在全，《民法物權論（上冊）》，第455頁。

[119]　參閱姚瑞光，《民法物權論》，第101頁。

條及第二四七條等規定，原應以一般抽象輕過失為準，就法律解釋上，較有依據，似為可採⑳。如果認為善意保護涉及交易安全問題，有特別加強保護必要，而以重大過失為準，則已是涉及立法政策問題，應以法律有明文規定為宜。此次法務部民法物權編修正草案於民法第九四八條第一項增設但書規定：「但受讓人明知或因重大過失而不知讓與人無讓與之權利者，不在此限」㉑，該條文修正草案雖尚未通過，但是同法第九二八條的留置權卻已經通過修正為：「稱留置權者，謂債權人占有他人之動產，而其債權之發生與該動產有牽連關係，於債權已屆清償期未受清償時，得留置該動產之權。債權人因侵權行為或其他不法之原因而占有動產者，不適用前項之規定。其占有之始明知或因重大過失而不知該動產非為債務人所有者，亦同」，換言之，新修正的民法第九二八條明文認定「善意取得」以受讓人無重大過失為標準，該條文實足堪作為民法第九五二條以下的「善、惡意無權占有人」的認定標準，故本書亦採姚瑞光先生見解，認為如果占有因重大過失而不知其為無權占有，即是惡意占有人。

據上所述，動產的占有人，如果明知或是因重大過失而不知其為無權占有，即非善意。但在不動產善意占有人的判斷上，則又應做其他考量才是，因為不動產的權利存在表徵是土地登記簿的登記內容，而依土地法第四十三條規定，土地登記內容有絕對效力，因此善意相信土地登記內容而為法律行為，進而占有土地者，其善意保護自然必須有別於動產所有權的善意相信，而有加強保護之必要。故本書認為，為符合土地法第四十三條對於土地登記內容規定有絕對效力的原則下，只要占有人不是「明知」土地登記內容為錯誤者，即使是因重大過失而不知權利讓與人無讓與權利者，

---

⑳　相同見解：王澤鑑，《民法物權⼆》，第 269 頁。

㉑　立法理由書說明謂：「現行規定在於保障動的交易安全，故只要受讓人為善意，即應保護之。惟受讓人不知讓與人無讓與之權利係因重大過失所致者，因其本身具有疏失，應明文排除保護範圍之外，以維護原所有權靜的安全，此不但為學者通說，德國民法第九百三十二條第二項亦做相同之規定，爰仿之增列但書規定，並移列為第一項」。

都應屬善意，而有善意保護必要才是●。換言之，不動產的占有人，唯有在「明知」其並無占有權利時，才是惡意占有人。

　　比較特別的問題是，如果占有人是未成年人，基於其識別能力尚未健全，因此不宜以該未成年人本人的主觀認知為依據。有爭議的是，當未成年人無權占有時，其善、惡意判斷，究竟應如何認定？有認為以其法定代理人為準（參閱民法第七十五條以下），亦有認為應類推適用民法第一八七條，端視未成年人對於無權占有的認知，是否具備自然的識別能力●。對於該爭議，本書認為，有鑑於占有是一事實行為，而非法律行為，因此應以類推適用民法第一八七條為宜。至於占有本人對於其占有輔助人的善、惡意，是否必須加以承受？如同在本書第三章所述，占有本人應類推適用民法第一○五條，承受占有輔助人的惡意；而惡意的占有本人，依民法第一○五條的立法精神，除非占有本人有特別指示，否則仍應以占有輔助人的主觀善、惡意為準。

二、擬制的惡意占有人

　　無權占有人的善、惡意，本應就個別案例事實加以認定，但是民法第九五九條卻例外的擬制占有人的惡意，以加重其無權占有人責任：「善意占有人，於本權敗訴時，自其訴訟拘束發生之日起，視為惡意占有人」。值得注意的是，「訴訟拘束」何指？依民事訴訟法第二四四條之規定，學說●上解釋訴訟拘束應指訴訟繫屬於法院之時，即訴狀送進法院之時，但鑑於民法第九五九條的立法理由乃在於加重敗訴的（善意）無權占有人以惡意占有人責任，故自應解釋訴訟拘束應指訴狀送達當事人時●，因為占有人唯有於受通知訴訟時，才有正當性的理由，被要求必須思量其無權占有標的

● 參閱王澤鑑，《民法物權(一)》，第 125 頁。

● 參閱王澤鑑，《民法物權(二)》，第 320 頁至第 321 頁。

● 參閱姚瑞光，《民法物權論》，第 395 頁。

● 參閱謝在全，《民法物權論（下冊）》，第 549 頁；王澤鑑，《民法物權(二)》，第 211 頁。

物的可能性，從而應以無權占有人之地位小心處置占有標的物，如有違反，自可被課以惡意無權占有人之責任，以維護所有人之權益 。

貳 無權占有人的使用、收益權（民法第九五二條）

一、孳息及使用利益的歸屬

對於天然孳息的歸屬，民法第七十條第一項及第七六六條有原則性規定：「物之成分及其天然孳息，於分離後，除法律另有規定外，仍屬於其物之所有人」，除此之外，非所有權人，但如果依其物權內容，得以收取孳息者，亦可直接取得孳息所有權，例如民法第八四二條的永佃權人擁有在他人土地上為耕作或牧畜之權，對於該用途之內所取得之孳息，當然歸屬於永佃權人。除物權之外，債權也可以是取得孳息的法律上根據，例如民法第四五七條以下的「耕地租賃」，耕地承租人當然擁有收取耕地孳息之權利。特別的是，耕地承租人所取得的僅是收取耕地孳息的「債權」而已，就法律理論上而言，耕地所產出的孳息，其所有權歸屬自必須首先適用民法第七六六條，由耕地所有權人（即出租人）取得孳息所有權，而後再由耕地承租人，依租賃契約約定，請求出租人依民法第七六一條第一項的「簡易交付」，移轉孳息所有權。當然現實生活上，耕地出租人和承租人之間的孳息「讓與合意」，在耕地租賃契約成立時，即同時存在，故結果當耕地承租人將孳息由耕地分離的一剎那，即取得孳息所有權。債權人取得孳息利益請求權者，除耕地租賃外，尚有例如民法第三七三條或是第三七四條的「危險負擔」移轉，例如買受人即使尚未取得買賣標的物所有權，但是已經占有買賣標的物，或是買賣標的物已經交由運送人，則自此刻起，買賣標的物的利益即移轉至買受人，換言之，買受人即可以向出賣人主張有收取買賣標的物孳息的請求權（債權）。

---

⑫ 此次民法第 959 條修正，亦採訴狀送達當事人時起，擬制無權占有人的惡意。換言之，無權占有人在本權敗訴時，溯及訴狀送達時，視為惡意占有人。

對於（天然及法定）孳息及使用利益的歸屬，民法第九五二條有特別規定。依該條規定，雖非所有權人，但是如果善意相信其為有權占有之人，進而收取孳息者，其善意自當有法律保護之必要：「善意占有人，依推定其為適法所有之權利，得為占有物之使用及收益」。民法第九五二條條文規定以①善意無權占有人及②其善意相信之權利本身得以收取孳息或有使用利益，為必要要件，故依此可以區分成以下兩要件，加以討論：

1.自主占有人

一般而言，占有的本權如果是屬於自主占有，例如占有人善意相信是所有權人，則該善意無權占有人，當然可以主張取得孳息所有權。有意思的是，對於盜贓、遺失物所產生之孳息，善意占有人是否得以主張民法第九五二條的適用？此一問題可以區分成，例如善意受讓某被盜的母牛，該母牛是在善意受讓人無權占有期間懷有小牛，則無爭議，該善意受讓人必須返還母牛，但是卻可以主張民法第九五二條，保有該小牛。非常有爭議的是，如果該母牛是在被盜時，即懷有小牛，是否仍有民法第九五二條適用？目前的通說[127]傾向並無適用，換言之，善意受讓人除須依民法第九四九條返還母牛外，也必須返還小牛，蓋因即使是善意占有人，在本例中也並無法律保護的必要性使然之故。

2.有使用、收益權限的他主占有人

如果占有人所善意相信的占有本權，只是他主占有，並不必然立即排除善意占有人對於民法第九五二條的適用主張，仍端視是否該占有本權有無使用收益之權限。例如善意相信有永佃權存在，則當然有民法第九五二條的適用，再如耕地租賃承租人善意相信和出租人間的耕地租賃契約有效成立，進而收取孳息，則當然可以主張民法第九五二條。相反地，善意相信有寄託契約存在的受寄人，因其善意相信的占有本權（寄託契約），並無收取孳息之權限，當然也不能主張民法第九五二條之適用。

---

[127]　參閱 Palandt/Bassenge, §955 Rdn. 1.

二、民法第九五二條不是利益保有原因

1.不當得利

　　學說上經常誤解而將民法第九五二條當成是善意無權占有人，終極保有孳息及使用利益的根據。事實上，民法第九五二條本身僅規範孳息及使用利益的歸屬，至於是否善意占有人可以終極保有該利益，尚須有其他條文以為判斷依據。舉例言之，A 將其耕地出租給 B 使用，而善意之 B 並不知耕地租賃契約無效，則即使 B 可以依民法第九五二條收取孳息並取得孳息所有權，但是 B 在收取孳息之後，仍須根據給付型不當得利規定（民法第一七九條）返還孳息利益於出租人，自不待言。

　　再如 A 之車為 B 所盜，B 將之出賣於善意之 C。則 A 除可以根據民法第七六七條請求返還汽車之外，對於善意之 C 因民法第九五二條所取得的使用利益，A 能否請求返還？尚視其他相關規定為之。而依民法第九五八條❶❷❽：「惡意占有人，負返還孳息之義務。其孳息如已消費，或因其過失而毀損，或怠於收取者，負償還其孳息價金之義務」，依其反面解釋，所有權人 A 自不得對 C 主張該使用利益的返還。

　　有意思的是以下案例：A 出租其車給 B，B 在未得 A 的同意下，又將汽車轉租給 C。其後為 A 所察覺，A 向 C 主張返還汽車的使用利益。最高法院九十一年臺上字第一五三七號判決謂：「租賃契約為債權契約，出租人不以租賃物所有人為限，出租人未經所有人同意，擅以自己名義出租租賃物，其租約並非無效，僅不得以之對抗所有人。至所有人得否依不當得利之法律關係，向承租人請求返還占有使用租賃物之利益，應視承租人是否善意而定，倘承租人為善意，依民法第九百五十二條規定，得為租賃物之使用及收益，其因此項占有使用所獲利益，對於所有人不負返還之義務，自無不當得利可言；倘承租人為惡意時，對於所有人言，其就租賃物並無

---

❶❷❽　民法第 958 條是非給付型不當得利請求權之特別規定，故此處必須優先適用之，參見下述。

使用收益權,即應依不當得利之規定,返還其所受利益」,依最高法院見解,是否次承租人應負使用利益的不當得利返還,端視次承租人是否為善意,自是值得贊同。但是最高法院卻是以民法第九五二條為(善意)次承租人得以保有使用利益的法律上原因為由,而認定(善意)次承租人無須對所有人負不當得利返還義務,卻是值得商議。首先就不當得利請求權基礎的選擇上,是否得當,不無疑問,因為最高法院七十七年臺上字第一二〇八號判決即強調,民法第九五二條是不當得利的特別規定,依此,本案似無不當得利的適用。況且,如果真的要適用不當得利規定,就 A、C 之間的非給付型不當得利構成要件❿的檢查上,必須先檢查 C 的使用汽車之行為,有無「侵害 A 所屬的權利」?而依通說⓰,一旦所有權人 A 將汽車出租並交付給承租人 B,A 即失去汽車的使用權利,如此當然 C 就無所謂侵害 A 專屬權利之可能,而即應在此否定 A 對 C 主張的非給付型不當得利請求權,根本無須再討論 C 取得使用利益,是否有無法律上原因。對於本例不當得利請求權的討論上,正確言之,本書認為,C 所取得的使用利益是經由 B 的給付行為而來,因此就不當得利的法律理論上,善意之 C 受到所謂「非給付型不當得利的補充性原則」 ⓱保護,即 C 可以根本否認必須對 A 負任何非給付型不當得利責任,對於不當得利個別構成要件的討論,完全多餘。

2.民法第九五八條

當所有權人向無權占有人主張民法第七六七條,請求返還所有物的占有返還,此時善意占有人依民法第九五二條,可以主張取得在占有期間的

---

❿ 關於非給付型不當得利之構成要件,可參閱王澤鑑,《不當得利》,2003 年 2 月,第 166 頁。

⓰ 參閱王澤鑑,《不當得利》,2003 年 2 月,第 195 頁。

⓱ 所謂「非給付型不當得利補充性原則」,係強調給付關係的優先性,認為受利益係基於給付關係時,無成立非給付不當得利的餘地。參閱王澤鑑,《不當得利》,2003 年 2 月,第 230 頁;劉昭辰,〈不當得利:第四講 非給付型不當得利(上)〉,《月旦法學教室》,第 24 期,2004 年 10 月,第 59 頁。

孳息所有權。但是仍必須強調的是，民法第九五二條不是善意占有人可以終極保有孳息及使用利益的法律上原因，是否善意占有人可以終極保有該利益，仍須視法律上有無規定，而民法第九五八條即是重要根據。民法第九五八條規定：「惡意占有人，負返還孳息之義務。其孳息如已消費，或因其過失而毀損，或怠於收取者，負償還其孳息價金之義務」，由條文的反面解釋，善意占有人可以終極保有該利益，而無須返還於所有權人。而民法第九五八條原文雖僅限於孳息，但是依無爭議的見解❷，基於目的性擴張，自也包括「使用利益」在內。換言之，惡意占有人除孳息必須返還外，也必須返還使用利益，反之，善意占有人則無須返還孳息及使用利益。但是值得討論的是，是否善意無償的占有人仍可以主張民法第九五八條，而繼續終極保有孳息及使用利益？民法第九五八條原文雖然僅指善意占有人，但是基於民法第一八三條的立法原理，無償取得利益之人，自無須受到法律保護之必要，所以民法第九五八條應做目的性限縮解釋為宜，故本書認為，善意無償占有人仍應將其所得孳息及使用利益償還於所有權人才是❸。

根據民法第九五八條，惡意占有人不僅必須對已收取的孳息或是使用利益進行返還，尚必須對已經消費或是因過失毀損，或是因怠於收取的孳息及使用利益，償還相當的價額，以加重惡意占有人之責任。除此之外，學說❹認為，如果惡意占有人出售已收取之孳息，其所取得的價金，即成為原孳息的「替代」（或稱「代位物」、「代償物」、「代充物」），惡意占有人必須就該替代進行返還，如果所售得價金大於原孳息客觀價額，惡意占有人不得保留，而必須全數返還。

三、和不當得利請求權的競合

民法第九五八、九五二條往往會發生和其他請求權競合之情形，而當

---

❷　參閱謝在全，《民法物權論（下冊）》，第 629 頁；王澤鑑，《民法物權(二)》，第 324 頁。

❸　相同意見：王澤鑑，《民法物權(二)》，第 322 頁。

❹　參閱王澤鑑，《民法物權(二)》，第 340 頁至第 341 頁。

中最重要者，當屬不當得利請求權。

案例①：

B偷取A之汽車，而將之出售於善意之C，C使用之。

在本例中，A可以對C主張民法第九四九條的占有返還，但是A卻不可以對C主張民法第九五八條的使用利益返還。問題是，是否A可以主張非給付型不當得利（民法第一七九條）向C請求返還使用利益？對此，最高法院七十七年臺上字第一二〇八號判決有重大宣示：「占有人於占有物上行使之權利，推定其適法有此權利。又善意占有人依推定其為適法所有之權利，得為占有物之使用及收益。分別為民法第九百四十三條、第九百五十二條所明定。是占有人因此項使用所獲得之利益，對於所有人不負返還之義務，此為不當得利之特別規定，不當得利規定於此無適用之餘地。不動產占有人於其完成物權取得時效並辦畢登記時，就時效進行期間之占有，亦應解為有上述規定之適用，方能貫徹法律保護善意占有人之意旨。本件上訴人既係善意占有人，且在系爭土地上行使地上權，並因地上權取得時效完成，辦畢地上權登記，則其於地上權取得時效進行期間就占有之土地，自有以建築物為目的而為使用之權，對於此項使用所獲得之利益，依上說明，即無返還所有人即被上訴人之義務。被上訴人依不當得利規定，請求上訴人返還該利益，於法難予准許」。

對此判決應說明者如下：首先，最高法院以民法第九五二條為善意占有人保有使用利益之法律上根據，已如本書以上所述，應有再商權之處，實則民法第九五八條（反面解釋）才是善意占有人保有使用利益之法律上理由。而最高法院基於保護善意占有人之意旨，進一步認為民法第九五二條（應是民法第九五八條！）是不當得利之特別規定，該結論原則上值得肯定，因為依民法第九五八條的反面解釋，善意占有人所取得的使用利益，無須返還。但是如果依不當得利規定，在上述例子①中，C卻必須對A進行利益返還，明顯和民法第九五八條（不是民法第九五二條）的立法旨意衝突。

案例②：

　　（惡意）A向B購買汽車一部，並完成交付及所有權移轉。其後發現買賣契約無效。

案例③：

　　（惡意）A向B購買汽車一部，並完成交付及所有權移轉。其後發現買賣契約及所有權移轉，盡皆無效。

　　如果按照上述最高法院見解，認為民法第九五八條是不當得利的特別規定，則在上述的例子②及③，依今日不當得利的非統一說 ⑬ 見解，似有價值判斷不合理之虞，而有修正的必要。本書認為，民法第九五八條是非給付型不當得利的特別規定，相反地，給付型不當得利的規定，卻是民法第九五八條的特別規定，說明如下：

　　在例子②中，A已經取得汽車所有權，所以B不能向惡意的A主張民法第七六七條及第九五八條，但是B卻可以依給付型不當得利，請求返還占有及使用利益的償還。在例子③中，因為汽車所有權仍屬於B，所以B可以向惡意的A主張民法第七六七條及第九五八條，也可以主張民法第一七九條的給付型不當得利，請求返還占有及使用利益。例子②及③中，對於民法第七六七條及第九五八條產生不同的適用結果，就價值判斷上，實難令人接受，因為A、B兩人在兩例中的利益情狀，實則相同，不應僅是法律制度上的物權契約有效與否，而有不同的結果才是。基於A、B兩人應在上述的例子②及③中，具有同樣的結果，所以應認為，B只能向惡意的A主張給付型不當得利，以請求返還占有及使用利益，而無民法第九五八條的適用才是。換言之，給付型不當得利是民法第九五八條的特別規定！

無權占有人的損害賠償責任

　　所有權人向無權占有人根據民法第七六七條，請求返還所有物，無權占有人如能依期返還，即不生問題，但如無權占有人在占有期間，因故致

---

　　⑬　關於非統一說，可參閱王澤鑑，《不當得利》，2003年2月，第31頁至第34頁。

使返還不能，原本占有人應依債務不履行規定，負應有的責任，但是民法第九五三及九五六條卻有特別規定，處理無權占有人之損害賠償責任。民法第九五三條規定：「善意占有人，因可歸責於自己之事由，致占有物滅失或毀損者，對於回復請求人，僅以因滅失或毀損所受之利益為限，負賠償之責」，民法第九五六條規定：「惡意占有人，或無所有意思之占有人，因可歸責於自己之事由，致占有物滅失或毀損者，對於回復請求人，負損害賠償之責」。

一、要　件

1.占有物滅失或毀損

　　無權占有人依民法第九五三及九五六條規定，**當占有物因故滅失或是毀損時，應負賠償之責**。在滅失及毀損的情況外，其他原因致使無權占有人無法返還，依通說❸❻見解，基於目的性擴張，都可以適用民法第九五三及九五六條，例如占有物因為附合關係（民法第八一一條以下），而無法返還，或是占有物因遺失而被他人拾得並取得所有權時（民法第八○七條）。而實務上民法第九五三及九五六條最重要的擴張適用例子，當屬占有物因被出售讓與第三人，而無法返還之情況。無疑問的是，如果第三人善意取得，無權占有人自當負民法第九五六條之責任，但如果受讓的第三人也是惡意，如有可歸責事由而致使占有物無法返還，則該惡意第三人亦須負民法第九五六條之責任❸❼，當無疑義。

---

❸❻　參閱謝在全，《民法物權論（下冊）》，第 623 頁；王澤鑑，《民法物權(二)》，第 327 頁至第 328 頁；史尚寬，《民法物權》，第 527 頁。

❸❼　參閱最高法院 50 年臺上字第 1194 號判例：「盜贓之故買人，依民法第九四九條之規定，被害人本得向之請求回復其物，如因其應負責之事由不能回復時，依民法第九五六條之規定，亦不得謂無損害賠償之責任」；又最高法院 63 年 5 月 28 日第三次民庭庭推總會決議(四)：「盜贓之故買（或收受、搬運、寄藏或為牙保）已在被害人因竊盜、搶奪、強盜等侵權行為受有損害之後，盜贓之故買人，（或收受、搬運、寄藏或為牙保之人）對被害人係成立另一侵權行為。又

2.民法第九五六條──惡意占有人及（善意）他主占有人

占有人因物之滅失或毀損，而須對所有權人負損害賠償責任，民法物權編因占有人的善、惡意不同，而區分不同的責任。首先民法第九五六條規定：「惡意占有人，或無所有意思之占有人，因可歸責於己之事由，致占有物滅失或毀損者，對於回復請求人，負損害賠償之責」，無疑問的是，惡意占有人明知自己無占有本權，自應謹慎看管占有物，因可歸責於己之事由而導致物之滅失、毀損，自應對所有權人負損害賠償之責。只是民法第九五六條，也附加惡意占有人以外的（善意）「他主占有人」之損害賠償責任，該「他主占有人」的責任考量，乃是著眼於，既然「他主占有人」也是明知物非其所有，自當也應負有謹慎看管占有之義務，如有可歸責自己之事由，而致占有物滅失或是毀損，也應負損害賠償責任。例如 A 將汽車出租於 B，善意之 B 並不知租賃契約無效，而因過失將汽車毀損，則 A 可對 B 主張民法第九五六條，請求損害賠償。（善意）「他主占有人」，除對於使其取得占有的間接占有人，負有謹慎看管占有物的義務之外，也須對和其無任何法律行為關係以外的所有權人，負謹慎看管占有物之義務，例如 A 將汽車出租於 B，雖然租賃契約有效，但是該汽車卻是屬於 C 所有。善意之 B 因過失將汽車毀損，B 仍須依民法第九五六條對 C 負損害賠償責任。

如果占有人逾越其占有本權，致使占有物滅失或是毀損，而造成所有權人的損害時，應如何處理？此種逾越占有本權的情形，又可以區分成「逾越誤認的占有本權」及「逾越合法的占有本權」，而加以討論。所謂「逾越誤認的占有本權」，例如 A 將汽車出租給 B，善意之 B 並不知其租賃契約無效，但卻違反約定將汽車轉租給 C（參閱民法第四四三條），對此「逾越誤認的占有本權」，因為占有人仍是無權占有，所以民法第九五六條仍有適

盜贓之故買人、收受人或寄藏人依民法第九四九條之規定，被害人本得向之請求回復其物，如因其應負責之事由，不能回復時，依同法第九五六條之規定，亦應負損害賠償責任。是盜贓之故買人（或收受、搬運、寄藏或為牙保之人）與實施盜贓之人，不構成共同侵權行為」。

用，故 B 必須對 A 負損害賠償責任。而所謂「逾越合法的占有本權」，指的是擁有合法占有本權的占有人，如果逾越占有本權，例如將租賃物讓與第三人，則該逾越占有本權之占有人，即使其占有心態已改為「自主占有」，但其仍應僅就不完全給付（民法第二二七條）或是侵權行為（民法第一八四條），對所有權人負損害賠償責任，因為該逾越占有本權的占有人，仍是有權占有，所有權人對其並無民法第七六七條的物上請求權存在，故當然也無民法第九五六條的主張適用。

3.民法第九五三條──善意自主占有人

善意無權占有人因可歸責自己事由，而致使占有物滅失或是毀損，如果其為他主占有人，則須依民法第九五六條對所有權人負損害賠償責任。如果該善意占有人為自主占有人，則依民法第九五三條將對其加諸極不合理的損害賠償責任：「善意占有人，因可歸責於自己之事由，致占有物滅失或毀損者，對於回復請求人，僅以因滅失或毀損所受之利益為限，負賠償之責」，本條文之所以不合理是因為，既然民法第九五三條認為善意自主占有人，有鑑於其善意相信是占有物的所有權人，故有必要將之與民法第九五六條的惡意占有人區別，而特別對其善意相信心態加以保護，則自當不應再加諸善意自主占有人，有任何須對於占有物滅失或是毀損的損害賠償責任才是。因為任何善意自主占有人，基於相信自己是所有權人之故，自然會信賴自己可以對占有物為任何自由處分、收益行為，包括例如故意撕毀所占有的書本，故意讓與所占有的汽車，或是因過失駕車不慎而發生車禍等等，基於保護善意自主占有人的立法原理，當然該善意自主占有人也不須對上述此等行為，負任何的損害賠償責任才是[138]。

非常不解的是，學說[139]認為民法第九五三條之意旨，係在保護善意自

---

[138]　例如德國民法僅規範有對惡意及善意他主占有人的損害賠償責任，對於善意自主占有人即無任何損害賠償規定。

[139]　參閱謝在全，《民法物權論（下冊）》，第 622 頁；王澤鑑，《民法物權㈡》，第 326 頁。

主占有人，因誤信其有所有權而占有，故無預期須對他人應負何種責任，故加以減輕責任，以免失之過酷。本書卻以為，如果真的是要保護善意自主占有人「無預期須對他人應負何種責任」，則法律效果上，應是善意占有人不須負任何的損害賠償責任才是，而非僅是減輕其責任。就民法第九五三條本文所要求的要件「可歸責善意自主占有人」，而致使占有物滅失或是毀損的要件檢查及討論，即可以說明善意自主占有人，根本不須負損害賠償責任，因為凡是被認定對於無權自主占有狀態的認知，並無任何過失的「善意占有人」，其進一步導致占有物的滅失或是毀損行為，例如即使是故意撕毀所占有的書本，當然也都是善意，自也無所謂「故意撕毀他人書本」的「可歸責」事由可言！換言之，善意自主占有人絕對不可能存在有故意或是過失的可歸責事由，侵害他人之物，學說❹單是以善意自主占有人只要有「故意、過失」滅失或是毀損占有物之行為，即直接認定構成民法第九五三條的「可歸責事由」，就法律理論上對於「可歸責事由」侵害他人之物的概念認知及討論上，實有明顯瑕疵存在。對此，史尚寬先生❹已有清楚認知，故其主張民法第九五三條的「可歸責善意自主占有人」事由，不問善意自主占有人有無過失，就占有物的滅失或毀損，於所受利益之限度，負損害賠償責任。史尚寬先生見解就法律理論上，自是正確，但是就法律整體價值判斷上，卻有商榷之餘地，因為惡意占有人僅有在故意或是過失情況下，才須依民法第九五六條對所有權人負損害賠償責任，而依史尚寬先生見解，則善意自主占有人不問有無過失，即須對所有權人負損害賠償責任，明顯有價值判斷上的矛盾。

總之，本書必須強烈呼籲，民法第九五三條是一價值判斷上謬誤的立法，而應加以修正。就實際案例的法律構成要件套用上，也無任何適用的餘地，因為善意自主占有人的任何基於所有權人地位所為的處分、收益行為，都不是「可歸責事由」，不但不須負民法第九五三條之責任，也無須對

---

❹ 參閱謝在全，《民法物權論（下冊）》，第 623 頁；王澤鑑，《民法物權㈡》，第 326 頁。

❹ 參閱史尚寬，《民法物權》，第 526 頁至第 527 頁。

所有權人負民法第一八四條的侵權行為責任，因為其並無「故意或過失」侵害所有權人之權利！

二、競　合

占有人對於物的滅失或是毀損，應依民法第九五三、九五六條負損害賠償責任。對此可能引發如下和債編請求權競合的可能性：

1.債務不履行請求權——民法第二二六條

所有權人依民法第七六七條向占有人請求返還所有物，如果占有人因故拖延，即必須對所有權人負民法第二三一條以下的給付遲延責任。但如果惡意占有人或是（善意）他主占有人，因可歸責於己事由，而致使占有物滅失或是毀損，則其須依民法第九五六條，負損害賠償責任，此時民法第九五六條即是債法的特別規定，換言之，占有人不再對所有權人負民法第二二六條的債務不履行責任。舉例言之：A 將汽車出租於 B，B 明知雙方租賃契約無效，但仍將汽車讓與善意第三人 C。則 A 可以對 B 主張民法第九五六條請求損害賠償，但是卻不能對 B 主張民法第二二六條第一項的損害賠償責任。而該適用結果最大的差異即是，B 的民法第九五六條的損害賠償責任，並無如民法第二二五條第二項有「代償請求權」的存在。因此，如果 B 有從 C 處取得價金，即使該價金大於原占有物價值，A 仍無從依民法第二二六條第二項對 B 主張，請求償還該價金以為損害賠償。所有權人之所以不能對無權占有人主張民法第二二六條第二項的「代償請求權」，是因為代償請求權的法理乃基於滅失客體和所得利益之間具有經濟上的一體性而成立，所以債務人所原應給付的內容，必須和其所得的利益之間，經濟上具有可被視為一體者，才能成立「代償請求權」。而在民法第九五六條之情形，占有人 (B) 原應向所有權人 (A) 所給付者是「物的占有」返還，而不是所有權的返還，而 B 由 C 處所取得的價金，卻是相當於原物所有權的價金，兩者就經濟觀點，明顯沒有一體性，所以當然不能有「代償請求權」的適用，所以結論認為民法第九五六條是民法第二二六條的特別

規定，應屬合理 ❶❷。

2.侵權行為

通說 ❶❸ 認為，民法第九五六條的本質即是侵權行為，因此是民法第一八四條的特別規定，自是可採。但是如果占有人當初取得占有時，即是以侵權行為方式取得者，例如小偷竊取他人之物，則也是依通說 ❶❹ 見解，此時所有權人不但可以對無權占有人主張民法第七六七條，也可以主張民法第一八四條的侵權行為，請求返還占有。而如果占有人因過失將占有物滅失或是毀損，則所有權人可以對之主張民法第九五六條的損害賠償。有問題的是，如果小偷在無權占有期間，因為不可抗力因素而致使占有物滅失或是毀損，因是不可歸責占有人事由，則所有權人即無從對占有人主張民法第九六五條的損害賠償，但是否仍可以回歸一般侵權行為請求損害賠償？本書意見以為，侵權行為人（無權占有人）必須對所有和侵害行為具有因果關係的損害負責，故即使占有物的滅失並非起因於侵權行為本身之事由，但是基於條文目的性保護理論，侵權行為人應對侵奪他人所有權，所可能衍生出的所有物滅失或是毀損結果，即使是不可抗力，也應負損害賠償責任才是 ❶❺。

總之，如果占有人當初取得占有時，即是以侵權行為方式取得者，所有權人可以對所有物的滅失主張民法第九五六條或是第一八四條，而結果似乎適用民法第一八四條，對所有權人有著相當的優勢，因為惡意無權占有人必須對不可抗力的滅失或是毀損，也須負責。但是須注意的是，侵權行為依民法第一九七條，有特別時效規定，而民法第九五六條的損害賠償

---

❶❷　相同意見：Palandt/Heinrichs, §281 Rdn. 7.

❶❸　參閱謝在全，《民法物權論（下冊）》，第 631 頁；王澤鑑，《民法物權(二)》，第 342 頁；姚瑞光，《民法物權論》，第 417 頁。

❶❹　參閱謝在全，《民法物權論（下冊）》，第 631 頁。

❶❺　德國民法第 848 條即規定，侵權行為人必須對因不可抗力事件所引發的返還不能，負損害賠償責任。

請求權時效，則是適用民法第一二五條的十五年長期時效，所以民法第九五六條，相對於一般侵權行為，未必不利。

而善意自主占有人基於對自己有權占有的信賴，其對占有物所為的任何滅失、毀損行為，自當全都是善意，當然不會構成民法的侵權行為，自不待言。

3.不當得利

民法第九五三及九五六條的損害賠償責任，其本質應為侵權行為，故自不排除也會有和不當得利請求權發生競合的情形。例如 A 偷竊 B 價值一百萬元之汽車，並將之以一百五十萬元讓與第三人。B 可以向 A 主張侵害所有權的不當得利（當然也可以主張民法第一七七條第二項的不法無因管理），問題是，A 所應返還為何？一說❶46認為應償還汽車的相當價額一百萬元，另一說❶47則是認為應適用德國民法第八一六條法理，而認為應償還 A 所得的全部價金一百五十萬元。作者個人原先採前說❶48，認為應償還一百萬元，但是基於 A 買賣價金一百五十萬元所得是 B 的汽車的替代，且惡意之 A 並無「利益大於損害，以損害為準」原則的適用，故在本書改採後說，而認為 A 應償還 B 一百五十萬元，較為合理。

除上述的惡意占有人及善意他主占有人，會有不當得利責任外，善意自主占有人也可能發生不當得利責任。例如 A 將汽車出賣於 B，並將汽車所有權移轉並交付之。B 之後又以高價出賣於第三人。其後發現 A、B 間買賣及所有權移轉契約無效，而善意之 B 並不知情。雖然 A 不能向 B 主張民法第九五三條的損害賠償（因為該條文根本上是立法錯誤！），但是 A 仍得對 B 主張出賣該車給第三人的不當得利責任。

---

❶46 參閱王澤鑑，《不當得利》，2003 年 2 月，第 246 頁；史尚寬，《債法總論》，1990 年 8 月，第 88 頁。

❶47 參閱孫森焱，《民法債編總論（上冊）》，2001 年 2 月，第 177 頁。

❶48 參閱劉昭辰，〈不當得利的基本問題〉，《月旦法學教室》，第 13 期，2003 年 11 月，第 123 頁。

無權占有人的費用支出償還請求權

所有權人依民法第七六七條向無權占有人請求返還所有物，如果無權占有人有收取孳息或是使用利益，或是致使占有物滅失或是毀損，則無權占有人必須依民法第九五八條返還所得之孳息及使用利益，或是依民法第九五三、九五六條向所有權人為損害賠償。相反地，如果占有人對占有物有費用支出時，則無權占有人在返還占有物於所有權人同時，可以依民法第九五四、九五五及九五七條向其主張該等費用支出的償還。而**無權占有人的費用償還請求權，和其占有物返還義務之間，應當有類推適用民法第二六四條「同時履行抗辯」適用空間❶⓸⑨**，換言之，如果所有權人拒絕償還該費用，則無權占有人也可以拒絕返還占有物。

而無權占有人對占有物的費用支出，往往也會構成民法第八一一條以下的添附情形。通說❶⓹⓪認為，此時民法第九五四、九五五及九五七條是添附的特別規定，無權占有人不能再主張民法第八一六及一七九條的不當得利，請求費用償還。依此，民法第八一六條將只剩適用於非無權占有情形（即有權占有），或是有權占有人逾越其占有權限，而對占有物有費用支出而造成附合之情形，例如 A 房屋出租給 B，而 B 在租賃期間整修房屋，此時並無民法第九五四、九五七條適用，B 應是向 A 主張因附合所得之利益償還（參照民法第八一六及一七九條）。

一、必要費用

---

❶⓸⑨ 但最高法院 80 年臺上字第 2742 號判決卻有不同意見：「民法第九五五條規定，善意占有人因改良占有物所支出之有益費用償還請求權,與土地所有人之回復原狀請求權,非因契約而互負債務,不生同時履行問題。上訴人以善意占用系爭土地,對系爭土地支出有益費用云云,縱令屬實,亦應另行請求,不得據為拒不交還土地之理由」。

❶⓹⓪ 參閱 Schwab/Prütting, Sachenrecht, S. 232.

1.善意占有人

民法第九五四條規定:「善意占有人,因保存占有物所支出之必要費用,得向回復請求人請求償還。但已就占有物取得孳息者,不得請求償還」,而所謂「必要費用」,條文並未加以定義,一般認為❶是指占有物之飼養費、維護費、修繕費、稅捐等因占有物之保存或管理所必須之費用而言,以維持占有物之現狀為其主要特質,而依本書意見,當應也包括保險費用才是。而就必要費用,學說❶又將之區分成「一般必要費用」及「特別必要費用」,前者指一般重複性支出的必要費用,例如上述的飼養費、維護費,而後者指不尋常支出的必要費用,例如因風災所發生的修繕費等等。民法第九五四條原文雖無「一般必要費用」及「特別必要費用」的區分,但是學說認為,善意占有人不論是「一般必要費用」及「特別必要費用」的支出,都可以對所有權人主張償還,但是只有「一般性必要費用」的支出,如果善意無權占有人已就占有取得孳息者,占有人即不能再請求返還(參照民法第九五四條但書)。相反地,即使善意無權占有人已經取得占有物之孳息,其仍可以對所有權人主張「特別必要費用」的償還。這是因為善意占有人既已經取得孳息,且無須返還於所有權人(民法第九五八條反面解釋),則該孳息的取得應被認為是相當一般必要費用支出的補償,且不論善意占有人所取得的孳息,是否和其所支出的一般必要費用相當,都不能再請求必要費用的償還,應是合乎情理。但是如果是無權占有人的「特別必要費用」支出,因非屬尋常,和其通常可以收取的孳息利益之間,已經超出合理之關連性,故仍得請求償還❸。

---

❶ 參閱謝在全,《民法物權論(下冊)》,第 620 頁至第 621 頁。

❷ 參閱謝在全,《民法物權論(下冊)》,第 621 頁;王澤鑑,《民法物權(二)》,第 331 頁。

❸ 物權修正草案對於民法第 954 條即建議修正成為:「善意占有人,因保存占有物所支出之必要費用,得向回復請求人請求償還。但已就占有物取得孳息者,不得請求償還通常必要費用」。

2.惡意占有人

　　對於惡意占有人是否可以請求必要費用的償還，物權編中並無獨立的請求權規範，而是回歸債編的「無因管理」規定加以認定。民法第九五七條規定：「惡意占有人，因保存占有物所支出之必要費用，對於回復請求人，得依關於無因管理之規定，請求償還」❶❺❹。該條文最有爭議者，莫過於是否惡意占有人主觀上，需有「為他人管理之意思」？一說❶❺❺認為，無權占有人無須有為所有權人管理之意思，即可以請求所支出的必要費用，否則第九五七條將如同贅文，而無請求的可能。另一說❶❺❻則以為，無權占有人的必要費用請求，不可缺少「主觀上為他人管理之意思」之構成要件，始可請求，如有欠缺而無法成立無因管理者，無權占有人僅能改以民法第一七七條第二項的「不法無因管理」或是民法第一七九條的「不當得利」加以請求。對此爭議，本書採前者見解。

　　無因管理的另一成立要件，須以無權占有人的必要費用支出，符合所有權人的利益，並不違反其明示或可得而知之意思（參照民法第一七六條第一項）。就必要費用而言，往往符合所有權人之意思，因此無權占有人得享有民法第一七六條第一項的「費用償還」請求權。但如果該必要費用支出，並不符合所有權人之意思，則無權占有人只能主張民法第一七七條第

---

❶❺❹　請參照最高法院 43 年臺上字第 433 號判例：「上訴人就其占有之系爭房屋關於建築未完工部分出資修建，係在被上訴人向原所有人某甲買受之後，業經兩造因本權涉訟，上訴人受敗訴之判決確定在案。依民法第九五九條之規定，上訴人自本權訴訟繫屬發生之日起，即應視為惡意占有人，固不得依同法第九五五條，以改良占有物所支出之有益費用為原因，請求償還。惟惡意占有人因保存占有物所支出之必要費用，對於回復請求人，依關於無因管理之規定請求償還，仍為同法第九五七條之所許」。

❶❺❺　參閱王澤鑑，《民法物權(二)》，第 333 頁至第 334 頁；鄭冠宇，〈不法管理、添附與不當得利——評最高法院 91 年度臺上字第 887 號判決〉，第 97 期，《月旦法學雜誌》，第 97 期，2003 年 6 月，第 248 頁。

❶❺❻　參閱 Diederichsen, BGB-Klausur, 7. Aufl., S. 4.

一項的「不正當無因管理」。就「不正當無因管理」的法律效果而言，端視所有權人是否承認該管理所得利益，如果所有權人加以承認，則所有權人必須就其所得的管理利益為限，對惡意無權占有人負費用返還義務。如果所有權人不承認管理所得利益，則無權占有人雖仍可以依不當得利加以請求，但是所有權人卻可以主張民法第一八二條第一項的「所得利益」不存在 ❺，而拒絕返還該費用支出。

二、有益費用

1.善意占有人

　　無權占有人除有必要費用支出外，也會有「有益費用」的支出。所謂有益費用，是指因利用或改良占有物而支出，且增加其價值之費用而言 ❺，例如無權占有人為其占有的動物美容，或是為房屋美觀加以粉刷。對於該等費用，無權占有人能否請求返還，民法第九五五條規定：「善意占有人，因改良占有物所支出之有益費用，於其占有物現存之增加價值限度內，得向回復請求人，請求償還」。民法第九五五條明文所指者是「善意占有人」，且僅就其占有物現存之增加價值限度內，負返還有益費用之責任，故如該有益費用對於占有物並無增加價值，或是所增加之價值已經不存在，例如對寵物所為的美容效果，或是對房屋所為的粉刷，已因時間經過而不再存在，則所有權人皆無須負返還費用之責任。

2.奢侈性費用

　　如上所述，有益費用是指因利用或改良占有物而支出，且增加其價值之費用而言。而有些費用雖也會增加占有物價值，但卻不僅是利用或改良

---

❺　參閱謝在全，《民法物權論（下冊）》，第 626 頁；王澤鑑，《民法物權㈡》，第335 頁。

❺　參閱謝在全，《民法物權論（下冊）》，第 621 頁；王澤鑑，《民法物權㈡》，第332 頁。

占有物所為的支出，而是**根本改變占有物的本質，該等**費用支出往往並不在所有權人的計畫當中，例如無權占有人將其所占有的荒地，改建成一網球場，如此費用（所謂「奢侈性費用」），無權占有人得否主張？對此問題，頗有爭議。德國最高法院❶❺❾認為，參考不當得利請求權中的「奢侈性費用」不構成不當得利❶❻⓪之原則，則在民法第九五五條的「有益費用」請求上，自也以不包括「奢侈性費用」為宜。而學說❶❻❶有認為，上述結果僅是單方面考量所有權人利益，似有不公，如以占有物的事實上經濟利益的提高，則應該肯定民法第九五五條的有益費用也應包括「奢侈性支出」為當。對此爭議，有鑑於和不當得利法律理論的相互呼應，本書認為，所有權人自無須返還對自己無利益的奢侈性費用。但是不論如何，所有權人標的物的經濟價值確實有所增加，**衡諸誠實信用原則（參照民法第一四八條第二項），雖然所有權人無須返還奢侈性費用於無權占有人，但應准許無權占有人可以將占有物所增加之價值取回（取回權）**，例如可以將所建的網球場拆除，而所有權人則必須容忍善意無權占有人的取回行為。史尚寬先生❶❻❷認為，占有人的取回權必須有所限制，其謂：「占有人所支出之費用，既非必要，亦非有益者，不得請求償還。但如回復請求人未提出償額，占有人在返還占有物前，於不因分離而損害占有物之範圍得取回之」，則上述荒地改建網球場，依史尚寬先生意見，應無取回之效果。但本書認為，史尚寬先生見解應是基於民法第八一一條以下「附合」的法理而生，基於附合物的經濟效益考量，民法不許可原物所有權人請求拆除原物以返還，而只能依不當得利（民法第一七九條）請求相當價額之償還。但如果附合物所有權人，經濟上無力償還所得利益時，即使是附合的法理也不應禁止附合物所有權

---

❶❺❾　BGH 41, 159.

❶❻⓪　參閱謝在全，《民法物權論（下冊）》，第 626 頁；王澤鑑，《民法物權㈡》，第 332 頁；劉昭辰，〈不當得利：第五講（利益返還）〉，《月旦法學教室》，2005 年 2 月，第 53 頁。

❶❻❶　參閱 Schwab/Prütting, S. 227.

❶❻❷　參閱史尚寬，《民法物權》，第 528 頁。

人可以主張拆除附合物，以返還於原物所有權人，用以免除其不當得利責任。是故，如果所有權人主張該費用支出對其是一「奢侈性支出」，則無權占有人容忍所有權人以拆除手段，回復原荒地面貌，應也無違反民法第八一一條以下的立法旨意，而為許可才是。

3.惡意占有人

民法物權編中，並未對惡意無權占有人的有益費用償還請求權加以規定，遂成為有名的爭議問題。學說上一說[163]傾向否定惡意占有人所有的費用請求權，包括不當得利請求權，肯定說[164]則認為，民法第九五五條雖然只規定善意占有人的有益費用請求權，而無惡意占有人的請求權，但是並不排除惡意占有人仍可以依不當得利請求（參照民法第一七九條），請求有益費用的償還，否則假設有第三人未占有該屋而對該屋為有益費用之支出（例如鄰居為不在國內之屋主加以粉刷房屋，但未進而加以占有），因無民法第九五七條特別規定之適用，所以並不排除惡意第三人可以對所有權人主張非給付型不當得利。但是如果該第三人進而加以占有房屋，則依民法第九五五條並無得對所有權人主張有益費用償還，且亦無不當得利請求權，就價值判斷上，只是因為一非無權占有，而另一則是無權占有，就有不同的法律效果，實不知差異何在？對此爭議，本書認為民法第九五五條既然

---

[163] 王澤鑑，《民法學說與判例研究㈠》，1993 年 9 月，第 467 頁（已改變見解：參閱王澤鑑，《民法物權㈡》，第 334 頁至第 335 頁）；鄭冠宇，〈所有權人與占有人之關係〉，收錄於《法制現代化之回顧與前瞻》，1997 年 8 月，第 486 頁（已改變見解：參閱鄭冠宇，〈不法管理、添附與不當得利──評最高法院 91 年度臺上字第 887 號判決〉，《月旦法學雜誌》，第 97 期，2003 年 6 月，第 249 頁）；謝在全，《民法物權論（下冊）》，第 626 頁。

[164] 參閱最高法院 61 年臺上字第 1004 號判決：「必要費用，故得依關於無因管理之規定請求償還（民法第九五七條），其所支出之有益費用，故亦得依不當得利之規定請求償還，但惡意占有人不得於其所負擔使用代價返還扣除之，應另行請求」；史尚寬，《民法物權》，第 531 頁；孫森焱，《民法債編總論（上冊）》，2001 年 2 月，第 184 頁。

是非給付型不當得利之特別規定❻，如此，則惡意占有人不得再依非給付型不當得利請求有益費用返還，應屬當然之結論。只是在此情況下，應參考「強迫得利」之理論，基於誠實信用原則（參照民法第一四八條第二項），應給與惡意占有人取回權，以平衡雙方當事人之利益。換言之，惡意占有人雖無非給付型不當得利之請求權，但仍有取回權，例如房屋所有權人不願償還粉刷費用，則惡意占有人可主張拆毀粉刷結果，如此自不會發生如同肯定說所言，有價值判斷不合理之情形。

三、特殊問題

案　例：

　　A 將其汽車以附條件方式，出售並交付於 B，雙方約定，B 必須在完全清償價金後，始取得所有權（參照動產擔保交易法第二十六條：附條件買賣）。數日後，B 將汽車交由 C 汽車廠修理，修理費用共計五萬元，但 B 卻無力負擔。此時 A 也因 B 未準時繳納汽車價金，而解除買賣契約。當 A 向 C 根據民法第七六七條，請求返還汽車時，C 主張 A 必須代為償付修理費用，始能交付汽車。

　　上述案例，在日常生活實具重要性。但對此解答，則頗具爭議：

1. C 是否為無權占有

　　德國最高法院❻認為，C 可以主張的請求權基礎是民法第九五四條。但是有爭議的是，依民法第九五四條的立法旨意，應指占有人在無權占有期間，對占有物所支出的必要費用而言。本例，C 在修繕期間，是基於和 B 之間的承攬契約，而 B 和 A 之間又有有效的買賣契約，因此 C 在修繕期間，對 A 而言仍是有權占有期間，故此期間 C 所為的修繕費用，並不符合民法第九五四條。對此，德國最高法院卻認為，民法第九五四條的「無權占有」期間，應以所有權人請求返還時為準，換言之，只要所有權人依民

---

❻　參閱上述本文。

❻　BGH 34, 122.

法第七六七條請求返還占有物時，占有人是無權占有即可構成民法第九五四條，故本例 C 仍可以對 A 主張必要費用償還。

2.善意占有與惡意占有之區分時點

德國最高法院之見解，明顯違反民法第九五四條的立法旨意，而受相當的批評❶。因為民法第九五二條以下以區分「善意」或是「惡意」的無權占有人責任，很明顯地，如此區分即應是針對在行為發生時（例如孳息收取時，或是損害發生時，或是費用支出時），占有人對其無權占有事實的主觀認知心態而言，民法第九五二條以下的「善、惡意」占有人，不是以占有人被請求時的無權占有的主觀心態為責任區分，因為如果以占有人被請求時的特定時點，作為區分善、惡意無權占有責任（保有孳息、損害賠償，或是費用償還請求）區分之標準，實不見該責任區別的正當性何在。

3.可否類推適用民法第九五四條

雖然民法第九五四條原文，明顯地不能適用於上述案例，但仍有學說❶認為，可以類推適用民法第九五四條，而應同意 C 可以對 A 主張費用償還。對此爭議，本書採否定見解，因為修繕承攬契約是成立在 B、C 之間，基於債之相對性，承攬人 C 的任何債務上的爭議，都應只能對其債務人（即B）主張，而不應及於其他第三人才是。

4.留置權之善意取得

最後非常具有爭議性的是，是否 C 可以主張舊民法第九二八條的「留置權」？舊民法第九二八條規定：「債權人占有屬於債務人之動產，而具有左列各款之要件者，於未受清償前，得留置之：一、債權已至清償期者。二、債權之發生，與該動產有牽連之關係者。三、其動產非因侵權行為而占有者」，舊條文明訂以「債務人之所有物」始能成立留置權，而本案因為

---

❶ BGH 34, 153; Reinike/Tiedtke, JA 1984, 213.

❶ 參閱 Schwab/Prütting, Sachenrecht, S. 228.

汽車所有權屬 A 所有，而非債務人 B 所有，所以 C 無得主張成立留置權。但有學說⑯卻認為，應承認 C 此時可以主張善意取得「留置權」，該見解具有相當的爭議性，其被反對最力的主要理由在於，留置權是一種法定擔保物權，對於法定擔保物權的成立，因並非依法律行為而設立，故不涉及交易安全，自然也無承認善意取得之可能性。為解決該爭議，此次物權法修正民法第九二八條成為：「稱留置權者，謂債權人占有他人之動產，而其債權之發生與該動產有牽連關係，於債權已屆清償期未受清償時，得留置該動產之權。債權人因侵權行為或其他不法之原因而占有動產者，不適用前項之規定。其占有之始明知或因重大過失而不知該動產非為債務人所有者，亦同」，明示雖非因法律行為而成立的「法定留置權」，也有善意取得之可能，以杜絕理論爭議，並順利解決承攬人 C 所可能面臨的求償困境。

伍 例題演練

例題 1 ▽

A 與其子 B 長年在 C 之土地上擺路邊攤做生意，惟 B 以為該筆土地係 A 所有，故於 A 死亡後，B 以為其為該筆土地之單獨繼承人，便對於該筆土地使用收益，C 得知以後便對 B 行使其所有物返還請求權（民法第七六七條前段），B 將該筆土地返還 C 之後，C 應如何向 B 請求其於無權占有該筆土地時所生的孳息？

提示

(一)試從民法上的相關制度（例如民法第九十二條或第二四七條），去推論在民法的價值判斷上，「善意」的內涵是否除了故意（明知）外，尚包括過失（可得而知）？假設有包括過失，應更進一步討論善意占有人的「過失」程度之底線

---

⑯　參閱史尚寬，《民法物權》，第 446 頁。

為何。

㈡本例中，B 僅僅因為其父 A 長年在該筆土地上擺攤做生意，即以為 A 係該筆土地之所有人，而自己為單獨繼承人，明顯已違反一般人之注意義務，應屬「重大過失」，惟有疑問者，在於 C 於行使所有物返還請求權後，究竟可否向 B 請求其於無權占有該筆土地時所生的孳息？此一問題涉及 B 究竟係惡意占有人，抑或是善意占有人，若係前者，則 C 可依民法第九五八條之規定向 B 請求返還孳息；若係後者，則 B 可依民法第九五八條反面解釋（民法第九五二條非善意占有人終極保有孳息之根據！）主張保有該孳息，有關此部分之問題，請與前述提示㈠搭配思考。

例 題 2 ▼

　　A 向善意占有人 B 提起所有物返還之訴獲得勝訴判決時，則依民法第九五九條之規定，訴訟拘束發生之日，應始於何時？民法第九五九條所稱之「訴訟拘束」究何所指？

提 示

　　學說上解釋訴訟拘束應指訴訟繫屬於法院之時，即訴狀送進法院之時，惟民法第九五九條的立法理由乃在於加重敗訴的（善意）無權占有人以惡意占有人責任，是從此一立法理由為目的性解釋，思考何時為訴訟拘束發生之日，才能真正符合上開立法意旨。

例 題 3 ▼

　　A 偷取 B 之腳踏車，而與善意之 C 成立買賣契約並讓與之，C 於占有後即使用之。爾後，B 依民法第九四九條向 C 請求占有返還，並主張 C 應返還使用該腳踏車之使用利益，問就後者之主張，其依據為何？

本例中，因 C 係善意占有人，故 B 自不得向 C 主張民法第九五八條之返還請求權，惟有疑問的是，B 可否依非給付型不當得利（民法第一七九條）向 C 請求返還使用利益？對此，應從民法第九五八條之反面解釋予以思考，善意占有人既得終極保有占有物的使用及收益，則所有權人自不得對之主張非給付型不當得利，職此，可得到一結論即「民法第九五八條反面解釋係非給付型不當得利的特別規定」，相對的，於給付型不當得利時，是否會有不同之結論？請嘗試反覆的思考此兩者間之差異。

例 題 4 ▽

　　A 乃一海灘越野車的出租商人，今遊客 B 與其訂立一海灘越野車之租賃契約，試回答如下問題：

㈠假設 A 與 B 之間的租賃契約有無效之原因，而善意之 B 並不知租賃契約無效，而因過失不慎將海灘越野車毀損，則 A 可向 B 主張何種權利？（暫不論占有章以外之請求權基礎）

㈡假設 A 與 B 之間的租賃契約雖然有效，但是 A 實際上並非真正的車商，僅是趁真正的車商與所有權人 C 不在時，與 B 成立上開租賃契約，而善意之 B 因過失將海灘越野車毀損，則 C 可向 B 主張何種權利？（暫不論占有章以外之請求權基礎）

㈠A 可依民法第九五六條之規定向 B 請求損害賠償，其理由在於，本例中，B 係「善意他主占有人」，而民法第九五六條，也附加惡意占有人以外的（善意）「他主占有人」以損害賠償責任，至於「他主占有人」的責任考量為何，請反覆思考惡意占有人與善意占有人間之差異，以了解民法第九五六條之立法原意。

㈡C可依民法第九五六條之規定向B請求損害賠償，其理由在於，（善意）「他主占有人」除對於使其取得占有的間接占有人，負有謹慎看管占有物的義務之外，也須對和其無任何法律行為關係以外的所有權人，負謹慎看管占有物之義務，職此，B自應對C負責。

例 題 5

　　流浪漢B趁屋主A出國而不在國內之情形，占有其屋並對其牆壁加以粉刷，嗣A回國後發現此事，大為震怒，A遂依民法第七六七條前段之規定向B請求返還房屋，而B亦主張A須返還其粉刷牆壁之費用，問B之主張是否有理？

提 示

　　本例中，涉及惡意無權占有人因改良占有物所支出的「有益費用」，可否向所有權人請求返還？此一問題於民法物權編中並無明文規定，故學說上亦有爭議，惟正確的思考方向在於，應從民法第九五五條與非給付型不當得利間之關係觀之，若其二者間具有一般規定與特別規定之關係，則惡意占有人應不得再依耗費型不當得利請求有益費用之返還，應屬當然之理。

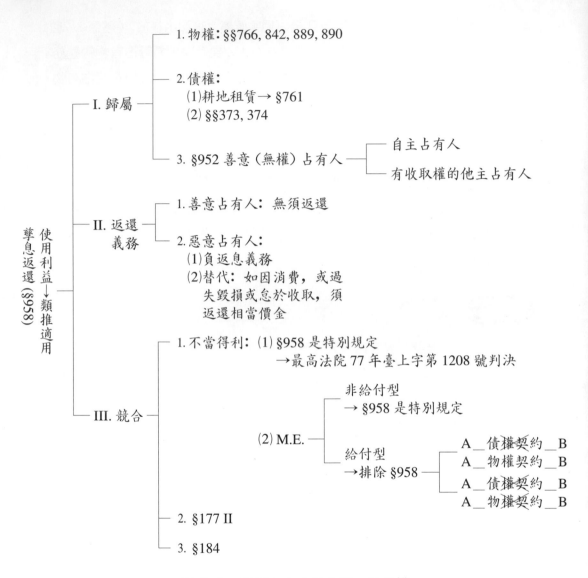

孳息返還（§958）

使用利益→類推適用

I. 歸屬
  1. 物權：§§766, 842, 889, 890

  2. 債權：
    ⑴耕地租賃→§761
    ⑵§§373, 374

  3. §952 善意（無權）占有人
    自主占有人
    有收取權的他主占有人

II. 返還義務
  1. 善意占有人：無須返還

  2. 惡意占有人：
    ⑴負返息義務
    ⑵替代：如因消費，或過失毀損或怠於收取，須返還相當價金

III. 競合
  1. 不當得利：⑴§958 是特別規定
    →最高法院 77 年臺上字第 1208 號判決

    ⑵M.E.
      非給付型
      →§958 是特別規定

      給付型
      →排除§958
        A＿債權契約＿B
        A＿物權契約＿B
        A＿債權契約＿B
        A＿物權契約＿B

  2. §177 II

  3. §184

圖 5-1　無權占有人的使用、收益權

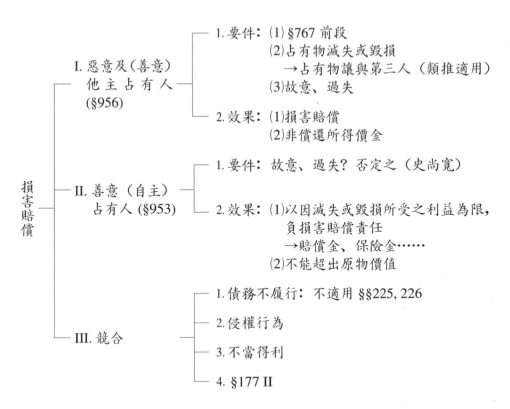

圖 5-2　無權占有人的損害賠償責任

支出費用返還

1. 和§767前段形成履行抗辯

2. 是添附（§§816, 179）的特別規定
↓反對說：最高法院 80 年臺上字第 2222 號判決

I. 必要費用：維護、恢復物之狀態或是經濟上效益的必須性措施支出

　1. 善意占有人（§954）：
　　(1)前段：請求返還
　　(2)但書：已收取孳息或使用利益（§958）

　　　通常必要費用（一般重複性支出）
　　　→不可請求（草案 §954）

　　　特別必要費用（不尋常支出）
　　　→請求返還

　2. 惡意占有人（§957）→無因管理：
　　(1)無須有為他人管理之意思
　　(2)須有該意思：
　　　a.§§176 I, 177 I (X) → §179
　　　b.§177 II (V)

II. 有益費用：利用或改良占有物，且增加其價值之費用

　1. 善意占有人（§955）：
　　(1)範圍：
　　　a.就客觀費用價值返還
　　　b.就占有物現存之增加價值限度內請求返還
　　(2)強迫得利：
　　　a.如果所有權人主張 §767 中段，善意占有人不可主張 §955
　　　b.善意占有人有取回權（§148 II）

　2. 惡意占有人？
　　(1)肯定說：不當得利最高法院 61 年臺上字第 1004 號判決；史尚寬
　　(2)否定說

圖 5-3　無權占有人的費用支出償還請求權

6 | 準占有

概　說

　　民法第九四〇條所規範的占有對象限於「物」，因此舉凡對動產，如汽車、書本或是不動產，如土地、房屋的事實上管領力，都是民法第九四〇條的占有。雖然羅馬法不承認對於權利的事實上管領力，而無所謂準占有概念，但是在法制史上，許多國家卻是承認準占有的存在，我國民法第九六六條第一項亦有對物以外的準占有規定：「財產權，不因物之占有而成立者，行使其財產權之人，為準占有人。」此種對於物以外的權利所成立的準占有，亦稱之為「權利占有」。

 要　件

一、財產權

　　因為「身分權」及「人格權」不是支配權，對其並無支配的可能性，所以準占有的概念，也僅能針對財產權，而無法對「身分權」及「人格權」成立準占有，因此民法第九六六條將準占有對象限於財產權。而因身分行為所生的具有財產性質的請求權，例如家庭生活費用分擔請求權（民法第一〇〇三條之一），則無涉及對於人身的支配，因此本書認為，不妨仍使其成為準占有對象。

二、須不以物之占有而成立

　　除此之外，準占有的成立，且須非以物的占有而成立權利者為必要，例如典權及專利權可以成立準占有。再如無記名證券（民法第七一九條）其上所表彰之債權，因其成立及轉讓，皆須以交付證券為必要，故不成為準占有標的，換言之，對無記名證券之占有就是對債權的占有，而非準占有❶。而動產所有權的取得，需以取得動產之占有為必要（參照民法第七

六一條），故對動產所有權本身即無準占有概念。但有問題的是，不動產所有權的取得，僅以登記為要件，而無須交付不動產（參照民法第七五八條），雖然如此，學說❶仍認為，對不動產所有權無從成立準占有。其他如租賃權，雖然其成立僅需契約雙方當事人合意，而不以物之占有為必要，但依今日學說卻認為，對租賃權無從成立準占有，實為本書所不解。對此，謝在全先生❷則嘗試傾向改以「財產權內容無須占有標的物者」以減緩準占有成立要件，換言之，其不問財產權之成立要件是否需占有，而係以行使財產權之內容是否需占有為準。但該要件的和緩化，仍不足以說明，何以不動產所有權及租賃權不能成立準占有，因為該兩種權利的使用內容，例如不動產所有權人設定抵押權，或是租賃權人的再為出租（轉租），明顯也無須以占有標的物為必要。

　　學說認為，民法第九六六條以「權利不因物之占有而成立」為準占有的要件，而將所有權及租賃權排除成立準占有，其理由在於，因為該等權利對標的物已含有占有的權能內容，權利人自可以對標的物實行占有，即可受到占有的相關規定適用及保護，因而無須再賦予準占有❸。是否權利的準占有在該權利也可以對標的物進行占有的情況下，即應予以排除，誠屬立法政策問題，本書並無特定意見。只是民法第九六六條的原文「權利不因物之占有而成立」，應無法精確表達該立法政策所欲涵蓋的準占有。而更令本書不解的是，學說認為地上權人因可以占有他人土地，所以無成立準占有必要，但是另一和地上權內容極為接近的「地役權」，例如「通行地役權人」必須經常使用並經過供役地，因而和供役地所有權人構成共同占

---

❶　參閱謝在全，《民法物權論（下冊）》，第 679 頁；鄭玉波著／黃宗樂修訂，《民法物權》，第 449 頁。

❶　參閱謝在全，《民法物權論（下冊）》，第 677 頁；史尚寬，《民法物權》，第 546 頁。

❷　參閱謝在全，《民法物權論（下冊）》，第 677 頁。

❸　參閱謝在全，《民法物權論（下冊）》，第 677 頁；王澤鑑，《民法物權㈡》，第 392 頁；鄭玉波著／黃宗樂修訂，《民法物權》，第 448 頁；史尚寬，《民法物權》，第 547 頁。

有人❶❼❹，何以即可以成立地役權的準占有？本書淺見以為，如果認為只要權利有占有標的物的內容，即無再成立準占有的必要，因此地上權即無從成立準占有，基於相同理由，亦應將地役權排除在外才是。如果學說認為不同於地上權，承認地役權的準占有，有實務上的需要性，自應再具備充足理由加以說明，始具說服力。

總之，民法第九六六條原文「權利不因物之占有而成立」，作為準占有的成立要件而言，既不能精確表達立法政策，對討論某特定權利類型能否成立準占有上，更是徒增困擾。本書建議，不妨改以「財產權無從占有標的物者」作為準占有的成立要件，使準占有僅限於對無體物的支配始能成立，如此一方面可以精確表達上述的立法政策，二方面也可以使法律人在討論準占有的成立上，有清楚的依據可循。

三、須事實上行使權利

民法第九六六條對成立準占有，尚要求「以事實上行使權利」為必要，通常只須依一般交易習慣或社會觀念，有使人認識其事實上支配該財產權之客觀事實情事存在即為已足❶❼❺。只是是否有事實上支配該財產權之客觀事實情事存在，首要者，當是如同對物的占有般，**要求此等權利應有一個外在清楚可以辨認的表徵，足以使外界認知該權利的存在**。不要求該權利須客觀上可以被認知存在，而單是僅以有無支配權利的事實，來斷定準占有，似有未足之處。以下即舉三例加以說明：

1.地役權

首先以學說所承認的地役權準占有為例，例如 A、B 約定設定地役權，在尚未完成設定登記前，B 已經開始使用土地，B 雖有事實上的使用土地，但難謂已經取得地役權的準占有。對於地役權的準占有，自應以地役權客觀上的可被認知存在為必要，因此地役權的準占有成立，除事實上行使地

---

❶❼❹　參閱 Gursky in Westermann Sachenrecht I, 6. Aufl., S.161.

❶❼❺　參閱謝在全，《民法物權論（下冊）》，第 678 頁。

役權外，尚必須以地役權的登記為要件 ❶❼❻。再如即使地役權確實曾存在過，但當地役權登記被塗銷，則 B 當然也失去地役權的準占有地位。雖然如此，絕不可誤會「準占有」的成立必須以權利的事實存在為必要，換言之，僅需形式上為登記名義人即可，縱使登記有無效之原因，在未經塗銷登記前，仍有取得準占有之可能，例如 A、B 完成地役權登記，但卻因 A 為無行為能力人而無效，雖然如此，B 只要有使用土地的事實，B 即是地役權的準占有人 ❶❼❼，這是因為「準占有」如同「占有」般，都是一種事實上的支配力，至於法律上該權利是否存在，(準)占有人是否有法律上的支配力權能，則在所不問。

　　我國民法的地役權是以他人土地供自己土地便宜之用而成立（參照民法第八五一條），因此只有需役地所有權人得以主張取得地役權。換言之，地役權和需役地所有人具有不可分的從屬關係，需役地所有權人即是地役權人，而當需役地所有權移轉，則不待移轉登記，地役權亦隨之移轉（民法第八五三條），所以取得需役地事實上使用的需役地占有人，同時也是地役權的準占有人，例如需役地的承租人是需役地的占有人，同時也是地役權的直接準占有人，而出租人成為地役權的間接準占有人 ❶❼❽，兩人都可以主張地役權準用占有的保護。應注意的是，需役地的土地承租人，基於土地租賃契約，只是取得對需役地出租人（即地役權人）請求准予使用供役地的債權而已，但是如果承租人已占有租賃地，基於債權物權化的法則，雖然只是債權的租賃關係，需役地承租人仍可以對妨礙其使用供役地之人，主張租賃權受侵害的保護。

　　基於地役權和需役地所有權具有不可分的從屬關係，需役地的占有人，

---

❶❼❻　參閱王澤鑑，《民法物權㈡》，第 395 頁。

❶❼❼　參閱 Westermann/Gursky, Sachenrecht, I. S. 162; Wieling, Sachenrecht, I. S. 242, 轉引自王澤鑑，《民法物權㈡》，第 395 頁；謝在全，《民法物權論（下冊）》，第 680 頁。

❶❼❽　參閱 Westermann/Gursky, Sachenrecht, I. S. 161, 轉引自王澤鑑，《民法物權㈡》，第 395 頁。

同時即構成地役權的準占有人。而如同無權占有人仍是占有人，權利的準占有，是以事實上行使該權利之人即是該權利的「準占有人」，至於行使該權利的原因為何，亦在所不問，因此地役權人的準占有人，也可以是單純的占用需役地的無權占有人。此時該需役地無權占有人，雖然不是地役權人，無法以地役權人地位，主張民法第八五八條準用第七六七條，請求除去對需役地的侵害，但是卻可以主張是地役權的「準占有人」，而依民法第九六六條第二項準用第九六二條，請求除去對地役權準占有的侵害。

2.債　權

對於地役權的準占有，權利「登記」的存在是必要的外在準占有表徵。而對於債權的「準占有」，也同樣要求須有外在表徵足以顯示對債權有事實上管領力為必要，才能成立債權的準占有。例如持有存摺及印章❶⑲、提款卡（含密碼）或是活期存款存款憑條之持有❶⑳，因為債權人可藉由該物件之持有，對銀行存款債權，在事實上（未必是法律上）為請求給付及受領行為，因而對銀行存款債權有事實上的管領力，而成為債權準占有人。至於持有借據是否構成對一般債權之準占有，本書則持強烈懷疑態度，因為借據本身充其量僅是債權可能存在的證明，更何況一般債權的請求給付，並不以出示借據為必要，而債權讓與也無須交付借據（民法第二九六條），依此，借據持有人欠缺債權之準占有地位❶㉑，及與此相關之信賴其為債權人之表徵。同樣，發票之持有，亦非是對債權之準占有❶㉒。

---

❶⑲　參閱謝在全，《民法物權論（下冊）》，第 679 頁；史尚寬，《民法物權》，第 547 頁。

❶⑳　參閱最高法院 65 年臺上字第 1025 號判決。

❶㉑　參閱劉昭辰，〈債權之善意取得──兼論擔保物權的從屬性〉，《臺灣本土法學雜誌》，第 60 期，第 40 頁。另外，因為借據持有人不是債權的準占有人，所以債務人如向借據持有人為清償，並無得主張民法第 310 條第 2 款的清償效力。是否能主張民法第 309 條第 2 項的清償效力，也不無疑問。民法第 309 條第 2 項：「持有債權人簽名之收據者，視為有受領權人。但債務人已知或因過失而不知其無權受領者，不在此限」。

　　本書強烈主張，債權的準占有應以該債權有充足外在表徵，而足以對外顯示該債權事實上存在為必要，如該債權存在，並無任何外在表徵，仍難以成立債權的準占有，即使是真正債權人，如其行使債權，並無任何外在表徵，則仍非債權的準占有人。而通說❸肯定認為，形式上讓與債權，但其實該讓與無效，雖然該債權受讓人無持有債權證書，但仍是該債權的準占有人。對此，本書則頗為質疑，因為如果不特別要求須對債權有事實管領力的明顯外觀存在，即肯定債權的準占有成立，將使得債權的準占有人漫無依據，甚而無限擴大，人人都可能成為債權的準占有人，是為不宜。況且如果將民法第三一〇條第二款和民法第二九七條「債務人善意給付」及第二九八條「表現讓與」相互比較，更加能夠充分論證，債權的準占有須以事實管領力的明顯外觀存在為必要，因為當善意債務人向形式上無任何外在客觀表徵的債權受讓人為給付，如果同意善意給付的債務人可以主張民法第三一〇條第二款「債務人若向債權準占有人為給付，則發生清償效果」而免除責任，則民法第二九七條「債務人善意給付」及第二九八條「表現讓與」的立法，自顯多餘。因此，民法第三一〇條第二款的「債權準占有」，相較於民法第二九七條及第二九八條，自應僅指對債權行使存有外在客觀上清楚表徵的「債權準占有」而言，債務人善意向無外在客觀上清楚表徵的債權人為清償，則僅能主張民法第二九七條及第二九八條，免除責任。

　　總之，債權的準占有應以有對債權事實上管領力為必要，而**是否對債權有事實上管領力，則應以社會一般觀點，依個別具體情況加以判斷**❹。無爭議的是，如果持有物體的表徵，藉以顯示對債權的事實上管領力，則即可承認其為債權的準占有人。但是如果無任何外在可以辨認的占有債權表徵，而只是純粹形式上的債權人，則該債權人應無債權準占有人地位，

---

❷　參閱最高法院 61 年臺上字第 450 號判決。

❸　參閱謝在全，《民法物權論（下冊）》，第 679 頁；王澤鑑，《民法物權㈡》，第 394 頁；孫森焱，《民法債編總論（下冊）》，第 1046 頁至第 1047 頁。

❹　參閱謝在全，《民法物權論（下冊）》，第 678 頁。

不應準用占有規定，此觀民法第二九七條及第二九八條和民法第三一〇條第二款的不同立法規定，其理自明。

3.智慧財產權

民法第九六六條將準占有設定於「不以物之占有而成立」的財產權，而專利權、商標權等無體智慧財產權，都屬於不以物之占有而成立的財產權，當然也有準占有的適用。雖然此等智慧財產權，如同一般債權般，並無外在客觀清楚形體存在，似乎也否定準占有的成立。但畢竟智慧財產權為絕對權，而具有強烈的排他性，因此雖無外在客觀形體，法律上（參閱商標法第六十一條以下，專利法第八十四條以下，著作權法第八十四條以下）仍賦予智慧財產權人有排除第三人侵害的法律效果，準此言之，智慧財產權當然也能成為準占有客體，而受有同樣的占有保護。比較特別的是，專利法上除有專利權外，尚有所謂「專利申請權」：專利法第二十五條第一項規定「申請發明專利，由專利申請權人備具申請書、說明書及必要圖式，向專利專責機關申請之」，及第五條規定「專利申請權，指得依本法申請專利之權利。專利申請權人，除本法另有規定或契約另有約定外，指發明人、創作人或其受讓人或繼承人」得知，非發明人並無申請專利之權，換言之，我國專利權乃採「發明原則」❶❽❺。如果非發明人申請專利，則真正發明人可以依專利法第三十四條第一項，請求救濟：「發明為非專利申請權人請准專利，經專利申請權人於該專利案公告之日起二年內申請舉發，並於舉發撤銷確定之日起六十日內申請者，以非專利申請權人之申請日為專利申請權人之申請日」，即該專利權溯及法定移轉至真正發明人，發明人遂可據而對不當的申請人，請求損害賠償及不當得利的返還。由此可知，真正發明人在未申請並取得專利權前，根據專利法已經取得專利申請權，且對其發

---

❶❽❺ 我國多數說見解則認為係採「先申請原則」，參閱李文賢，《專利法要論》，第41頁；賴榮哲，《專利分析總論》，第147頁；楊崇森，《專利法理論與應用》，第181頁。但如果同一發明，而有數人（發明人）申請時，依專利法第31條第1項，則改以先申請為準（先申請原則）。

明取得可以使用的事實地位，並可以排除他人的侵害，據此可以認為發明人已經對於其專利申請權取得準占有地位，而受有侵害保護。專利法承認技術發明人對於其所發明的技術已經取得申請權，且該申請權甚而得以對抗專利權人而主張之，實質等同承認技術發明人已經取得對該技術發明的準占有（「發明的準占有」），而受占有相關規定的保護，是一種對於權利以外的無體財產利益的「準占有」，非常特別。

 效　力

　　承認準占有的目的最重要者當然是要準用占有的相關規定，只是學說上非常有爭議的是，在何種占有規定的範圍內，可以被準用到準占有？對此，應該以個別的準占有狀態及個別效力加以討論。

一、占有保護

　　民法第九六六條第二項規定：「本章關於占有之規定，於前項準占有準用之。」而準用占有規定，最無爭議的即是準用民法第九六二條占有人的物上請求權，例如地役權人可以因供役地所有人妨礙其通行，而主張準用民法第九六二條，請求除去侵害，當然地役權人也可以主張民法第九六〇條的自力救濟。而當地役權人將需役地出租給承租人，承租人事實上使用地役權，即成為地役權的直接準占有人，而地役權人則成為間接準占有人，此時不但是直接準占有人，間接準占有人也可以主張民法第九六二條。

　　承認準占有的最主要功能即是在於保護功能。例如地役權人的地役權如受侵害，固然可以主張侵權行為，或是民法第八五八條準用第七六七條除去侵害，但是該項條文的運用，不是要件嚴苛（過失原則），就是訴訟耗時（雙方當事人爭議、舉證地役權的存在）。如果地役權人可以主張準占有的保護，而準用民法第九六二條，即能迅速而有效率的保護其利益。只是地役權的準占有人，往往也是供役地的占有人，因此也可以主張供役地占有受侵害，直接以民法第九六二條為救濟，此時地役權的準占有功能，似

顯多餘。

二、善意保護

　　準占有除受有侵害保護之外，也有第三人善意保護的功能。例如民法第三一〇條第二款規定，債務人若向債權準占有人為給付，則發生清償效果，此乃清楚表現民法對債權準占有的善意相信保護。因此，如銀行向存摺、印章持有人為給付，以不知取款人非債權人為限，發生清償效力❶❽❻。相反的，債務人若向任一借據（或發票）持有人為給付，則無民法第三一〇條第二款之適用，不發生清償效力，因借據之持有非對債權之準占有。

　　民法上非常有爭議的是，債權的準占有，是否能準用民法動產善意取得規定？首先其前提必須是第三人對「債權的準占有」有類似於對「動產占有」般，有外觀上足以善意信賴的表徵存在。因此即使是依上述通說❶❽❼認為，形式上讓與債權，但其實該讓與無效的債權人，可以享有債權準占有地位，但是因為此種債權準占有，並無外觀上足以展現對債權事實上管領力的表徵存在，所以信賴此等債權準占有人而善意受讓該債權者，自無準用動產善意取得的規定才是。但是如果無體債權的準占有是藉由外在清楚可見的表徵而體現出來，則能否善意取得，即充滿討論的空間，例如 A

---

❶❽❻　參照最高法院 73 年度第 11 次民事庭會議決議：「乙種活期存款戶與金融機關之間為消費寄託關係。第三人持真正存摺並在取款條上盜蓋存款戶真正印章向金融機關提取存款，金融機關不知其係冒領而如數給付時，為善意的向債權之準占有人清償，依民法第三一〇條第二款規定，對存款戶有清償之效力。至第三人持真正存摺而蓋用偽造之印章於取款條上提取存款，則不能認係債權之準占有人。縱令金融機關以定式契約與存款戶訂有特約，約明存款戶事前承認，如金融機關已盡善良管理人之注意義務，以肉眼辨認，不能發見蓋於取款條上之印章係屬偽造而照數付款時，對存款戶即發生清償之效力，亦因此項定式契約之特約，有違公共秩序，應解為無效，不能認為合於同條第一款規定，謂金融機關向第三人清償係經債權人即存款戶之承認而生清償之效力」。

❶❽❼　參閱謝在全，《民法物權論（下冊）》，第 679 頁；王澤鑑，《民法物權㈡》，第 394 頁；孫森焱，《民法債編總論（下冊）》，第 1046 頁至第 1047 頁。

將活期存款存款的憑條所表彰的債權出賣並讓與 B，B 可否主張善意取得所受讓的債權? 姚瑞光先生認為:「第九四八條至第九五一條，係以動產之善意占有為前提之規定，而準占有係以事實上行使不因物之占有而成立之財產權為內容，性質上無準用各該條之可能，故不在可得準用之列。」❶❽❽ 相反的，黃茂榮先生 ❶❽❾ 則認為:「蓋債權這種無體的財產權，必須先經有體化始有被準占有之可能，而當其因此而得被準占有，關於其準占有之保護，並無必須異於動產之占有保護的明顯理由。準此而論，一方面經有體化之債權的準占有，應可類推地該當關於善意取得之規定，從而可準用動產善意取得之規定，使其善意受讓人取得該債權。」對此爭議，本書認為以前者見解為宜，因為如果承認被準占有之債權，除有民法第三一○條第二款債務人善意清償之保護外，如再肯定有債權善意取得效力，則豈不使上述的活期存款存款憑條具有高度的流通性，而完全具有無記名證券之效力? 如此將使無記名證券制度空洞化，成為虛設，而違反民法對無記名證券制度的制定 ❶❾⓪。

三、時效取得

一般學說 ❶❾❶ 皆認為，時效取得制度對於準占有亦有準用餘地。本書卻認為，不可一概而論。例如準占有地役權而主張時效取得地役權，因為時效取得人必須占有需役地，才可以直接主張時效取得地役權，故其實益性並不大。實務上具有實益性的權利準占有時效取得例子，仍以無體財產權為主。

例如漁業權及礦業權都可成立準占有，原則上應可以肯定有準用不動

---

❶❽❽　參閱姚瑞光，《民法物權論》，第 429 頁。

❶❽❾　參閱黃茂榮，〈通謀虛偽意思表示與善意取得〉，《植根雜誌》，第 2 卷第 12 期，第 31 頁。

❶❾⓪　參閱劉昭辰，〈債權之善意取得——兼論擔保物權的從屬性〉，《臺灣本土法學雜誌》，第 60 期，第 34 頁至第 47 頁。

❶❾❶　參閱謝在全，《民法物權論（下冊）》，第 680 頁；王澤鑑，《民法物權(二)》，第 268 頁；鄭玉波著／黃宗樂修訂，《民法物權》，第 449 頁。

產時效取得的適用。只是依漁業法第二十八條規定，定置漁業權及區劃漁業權的存續期間為五年，而專用漁業權則為十年，期間屆滿時，漁業權人得優先重行申請，而又依漁業法第二十條規定：「漁業權視為物權，除本法規定者外，準用民法關於不動產物權之規定」，則漁業權得取得時效應準用不動產物權規定，分別為十年或是二十年。如此要時效取得漁業權，依現今法令，似無可能❿。

實務上更為重要的無體財產權時效取得，即屬商標權、專利權及著作權的時效取得。依現今學說見解以為，對於該智慧財產權，無占有可言，故只能為準占有，準占有人可以據而主張準用動產的時效取得規定。是否智慧財產權有時效取得的實益及適用，本書則是採取非常強烈質疑態度。如果是基於買賣及讓與契約的無效，智慧財產權受讓人在一定時效經過後，固然可以主張時效取得，但是仍必須依給付型不當得利，將所得的智慧財產權返還出賣人❿。而如果是第三人基於單純的無權使用行為，和平公然繼續使用他人智慧財產權，經過五年即可以時效取得上述智慧財產權，且依目前通說❿也無須負不當得利或是侵權行為責任，該結果將造成智慧財產權人，人人自危。況且根據學說❿，時效取得會因權利人的主張排除侵害而中斷取得時效，但是基於智慧財產權的無體性，權利人將很困難得知，其權利正被和平、公然使用中，更遑論如何加以禁止，以求保護自己權利？因此本書結論認為，如果同意智慧財產權的時效取得，對於社會經濟及科技進步，將是一大衝擊，應再詳加謹慎思考才是。

---

❿　參閱謝在全，《民法物權論（上冊）》，第 267 頁。

❿　是否時效取得規定，可以構成得利人的取得法律上原因，而排除給付型不當得利責任，在學說上非常有爭議。參閱劉昭辰，〈不當得利：第四講　非給付型不當得利（下）〉，《月旦法學教室》，第 26 期，第 65, 66 頁。

❿　參閱謝在全，《民法物權論（上冊）》，第 243 頁；王澤鑑，《民法物權㈠》，第 160 頁至第 161 頁；姚瑞光，《民法物權論》，第 66 頁。

❿　參閱謝在全，《民法物權論（上冊）》，第 249 頁。

例題演練

例題

　　A欲開一間便利超商，B騙A其屬某甲便利超商股份有限公司（以下簡稱甲公司）的業務員，可替其代辦申請入盟的事宜。在A付清費用開始營業五年後，甲公司始發現A以其公司名義營業卻未經申請的事實而欲向A請求五年來使用該公司名義之費用，A得否主張在這五年已時效取得該營業權？

提 示

　　時效取得之主張須以占有作為其前提，因此本案中A欲向甲公司主張時效取得，必先以其對該營業權有所占有為其前提，但因營業權非屬具體存在而僅屬一無體財產權，無事實上占有之可能，因此A僅得以準占有的方式再準用占有時效取得的規定。又關於準占有之成立，須具有「財產權」、「須不以物之占有而成立」、「須事實上行使權利」此些要件，本例事實中，系爭營業權具有財產上之價值而非屬人格權之範疇，因此屬財產權，且營業之取得亦不以占有為成立要件，本例中A亦有使用以甲公司之名義經營事業的事實，在具備民法第七六八條之情形下，A自得主張時效取得以甲公司名義經營業務之營業權。

參考書目

一、中文部分

王澤鑑，民法物權㈠通則・所有權，自版，增訂版，2006 年 8 月。

王澤鑑，民法物權㈡用益物權・占有，自版，增訂版，2006 年 8 月。

史尚寬，民法物權，自版，1987 年 1 月。

姚瑞光，民法物權論，自版，1999 年 10 月。

孫森焱，民法債編總論（下冊），自版，2006 年 9 月。

鄭玉波著／黃宗樂修訂，民法物權，三民，增訂十四版，2007 年 1 月。

鄭冠宇，動產之附合及混合，瑞興出版社，2004 年。

謝在全，民法物權論（上冊），自版，三版，2004 年 8 月。

謝在全，民法物權論（下冊），自版，三版，2004 年 8 月。

二、德文部分

Baur, Lehrbuch des Sachenrechts, 15. Aufl., 1989.

Jauernig, BGB Kommentar, 6. Aufl., 1991.

Leipold, Erbrecht, 8. Aufl., 1990.

Münchener Kommentar, zum BGB, Band 4, Sachenrecht, 2. Aufl., 1986.

M. Wolf, Sachenrecht, 9. Aufl., 1990.

Schwab/Prütting, Sachenrecht, 23. Aufl., 1990.

Staudinger, Kommentar zum BGB, Band 3, Sachenrecht, 12. Aufl., 1990.

Westermann, Sachenrecht I, 6. Aufl., 1990.

Wieling, Sachenrecht , 4. Aufl., 2001.

Wilhelm, Sachenrecht, 1993.

法學啟蒙叢書
——帶領您認識重要法學概念之全貌

　　在學習法律的過程中，常常因為對基本觀念似懂非懂，且忽略了法學思維的邏輯性，進而影響往後的學習。本叢書跳脫傳統民法教科書的撰寫模式，將民法中重要的概念，以一主題即一專書的方式呈現。希望透過淺顯易懂的說明及例題的練習與解析，幫助初學者或一般大眾理解抽象的法學觀念。

目前已出版：

本系列叢書陸續出版中……

法學啟蒙叢書　民法系列

◎ 繼　承　戴東雄／著

　　本書主要內容在說明民法繼承編重要制度之基本概念，並檢討學說與實務對法條解釋之爭議。本書共分四編，第一編緒論；第二編為遺產繼承人；第三編乃遺產繼承；第四編為遺產繼承之方法。在各編重要章次之後，皆附以實例題，並在書末之附錄上，提出綜合性實例題，以邏輯之推演方法，解決實際法律問題。

◎ 動產所有權　吳光明／著

　　本書主要在敘述動產所有權及其相關法律問題，除依民法物權編、民法物權編部分條文修正草案，以及參考九十六年三月二十八日最新公布之新「擔保物權」規定，敘述其修正說明外，另參考法院實務判決，提出實際發生之案例進行探討。希望藉由本書的介紹能幫助讀者建立清楚、完整的概念。

◎ 契約之成立與效力　杜怡靜／著

　　本書為使初學者能儘速建立契約法之基本概念，以深入淺出之方式，於理論基礎之說明上，儘量以簡潔文字並輔以案例加以說明。此外為使讀者融會貫通契約法間之關連性，書末特別附有整合各項契約法觀念的綜合案例演練，促使讀者能夠匯整關於契約法的各項觀念。因此希望讀者能藉由本書之介紹，進入學習民法之殿堂。

法學啟蒙叢書　民法系列

◎ 贈　與　郭欽銘／著

　　本書以淺顯易懂的文字及活潑生動的案例，介紹我國民法有關贈與規定之學說與實務見解，期使讀者能將本書知識與現實生活中之法律問題相互印證。案例演習中，若涉及民法贈與其他相關規定，本書均會詳為論述解說，因此可讓非法律人或法律初學者在閱讀時，能輕易理解其內容。

◎ 承　攬　葉錦鴻／著

　　承攬的條文雖不多，但在日常生活中卻常出現，相當值得我們注意，本書除了介紹承攬的每個條文及其相關實務見解外，對於學說上見解亦有所說明，希望藉由這些解說，可以更加豐富承攬規定的法律適用。本書內容包括概說、承攬人之義務、定作人之義務、承攬契約的效力、合建、委建與承攬，並在附錄以例題對本書重點做一回顧，希望讓讀者清楚瞭解承攬之全貌。

◎ 買　賣　陳添輝／著

　　為什麼買賣契約是債權契約？為什麼出賣他人之物，買賣契約有效？為什麼一物二賣，二個買賣契約均為有效？就買賣的概念而言，一般人的理解與法律規定之間，具有相當大的差異，為何會如此不同？本書盡力蒐集羅馬法及歐陸各國民法之相關資料，希望幫助讀者瞭解買賣制度之沿革發展，進一步正確掌握我國民法有關買賣規定之意義。

法學啟蒙叢書　民法系列

◎ **侵權行為**　郭冠甫／著

　　本書對於民法中侵權行為之介紹，雖亦有理論層面的研討，但並不刻意強調艱澀難懂或是爭議繁多的法律見解，而是儘量以實際案例加以說明，期能轉化抽象的法律概念，成為與日常生活充分結合的實用規範，使學生與一般無深厚法學基礎的讀者能夠清楚掌握法學的精義。

◎ **遺　囑**　王國治／著

　　本書首先介紹中外遺囑的歷史背景與變遷過程，其次，從我國遺囑之相關法律、司法實務與實際案例切入，帶領讀者徹底瞭解遺囑的理論與實務，最後，為了啟發法律初學者的興趣，詳盡剖析我國遺囑法律闕失之處，並提出將來遺囑修法之具體建議，實為一本值得閱讀與收藏的法律好書。